丰田精益管理系列

丰田精益管理：TPM推进体系建设（图解版）

梁勤峰　主编

人民邮电出版社

北　京

图书在版编目（CIP）数据

TPM 推进体系建设：图解版 / 梁勤峰主编. —北京：
人民邮电出版社，2014.12（2024.6重印）
（丰田精益管理系列）
ISBN 978-7-115-37285-7

I. ①T… II. ①梁… III. ①丰田汽车公司—工业企
业管理—经验 IV. ①F431.364

中国版本图书馆 CIP 数据核字（2014）第 235896 号

内 容 提 要

全员生产保全（TPM）可以帮助企业显著地提高生产率，降低企业的运营成本，有力地保证生产质量。本书采用丰田精益管理的思想，分别从自主保全、专业保全、个别改善、品质改善、设备前期管理、事务改善、环境改善、人才培育和设备信息化管理九个方面为企业搞好TPM推进活动提出了建议，目的是帮助企业建立科学、高效的TPM推进体系，实现企业健康、稳定、长远的发展。

本书适合不同企业中高层管理者、企业生产专员、培训咨询机构人员以及高等院校相关专业师生阅读和使用。

◆ 主　　编　梁勤峰
　　责任编辑　刘　盈
　　执行编辑　刘　珺
　　责任印制　焦志炜

◆ 人民邮电出版社出版发行　　北京市丰台区成寿寺路11号
　　邮编　100164　　电子邮件　315@ptpress.com.cn
　　网址　http://www.ptpress.com.cn
　　北京虎彩文化传播有限公司印刷

◆ 开本：787×1092　1/16
　　印张：13　　　　　2014年12月第1版
　　字数：150千字　　2024年 6 月北京第27次印刷

定　价：39.00元

读者服务热线：（010）81055656　印装质量热线：（010）81055316
反盗版热线：（010）81055315
广告经营许可证：京东市监广登字 20170147 号

伴随国内外市场竞争越来越激烈，许多中小企业的产品利润空间越来越小。原材料价格成倍上涨、劳动力成本快速上升、企业融资困难、产品积压严重，这些因素都严重影响了中小企业的发展，使不少中小企业在经营中举步维艰。但从另一个角度来看，这些因素将会促使企业进行产业升级、科学管理、提升生产力、节约成本、减少浪费、提高效率。那么，如何才能使企业在目前这种竞争激烈的环境中更好地生存、发展与壮大呢？我们认为丰田精益管理就是一种非常有效的解决办法。

丰田精益管理是由丰田汽车集团缔造的一种生产方式（Toyota Production System，TPS），它可以说是世界制造史上的一大奇迹。以丰田生产方式和经营管理方法为标志的日本制造业，对"生产方式""组织能力""管理方法"进行了创新，改变了21世纪全球制造业的存在形式和秩序。就我国企业的实际情况来讲，实现高品质、低成本生产的最大困扰，从根本上说并不是设备、资金、材料、技术、人才等经营资源本身，而是缺少能够使这些经营资源最有效地发挥作用的"生产方式""组织能力""管理方法"。

丰田精益管理实质上是一种独特的企业管理理论和方法，它以识别管理中的浪费并持续地减少浪费为核心思想，通过一系列方法和工具来定义管理中的问题。企业能通过精益管理来测量浪费，分析浪费产生的时间、区域、过程和原因，进而获得系统减少浪费的方法，并能通过使改进措施标准化来实现管理效率的提高。丰田精益管理注重用最少的投入获取最大的效益，即"在需要的时候，按需要的质与量，生产所需的产品"。丰田精益管理最显著的特点是强调客户对时间和价值的要求，以科学合理的制造体系来组织为客户带来增值的生产活动，缩短生产周期，从而显著提高企业适应市场瞬息万变的能力。

然而，有许多中小企业却不敢实施丰田精益管理，担心丰田精益管理要求投入大量的资源而企业承受不起；担心自行推广、实施丰田精益管理有难度以致企业无从下手；担心请外部专家进行辅导成本高，却达不到理想的目的；担心企业自身人员素质达不到丰田精益管理活动推广的要求；担心丰田精益管理推进速度慢，影响企业日常运转等。其实，丰田精益管理对企业在硬件方面的投入要求并不多，最主要的是时间的投入以及坚持正确的方式、方法。

　　我们的咨询老师在辅导企业推行丰田精益管理活动的过程中发现，有些中小企业虽然也轰轰烈烈地推广过该类活动，然而效果并不理想。究其原因，原来许多企业只是照搬优秀企业的一些样板，而没有真正地理解丰田精益管理活动的意义及推广的步骤、技巧、实施要领等。

　　基于此，我们对自己在实际辅导企业推行丰田精益管理活动过程中积累的经验进行了归纳、总结，组织众多工作在企业一线的实战专家策划、编写了这套"丰田精益管理系列"图书，以帮助中小企业走出困境，更好地适应复杂多变的市场要求。该系列图书包括10本，具体为：

★《丰田精益管理：现场管理与改善（图解版）》
★《丰田精益管理：物料与仓储管理（图解版）》
★《丰田精益管理：采购与供应商管理（图解版）》
★《丰田精益管理：员工关系管理（图解版）》
★《丰田精益管理：成本控制与管理（图解版）》
★《丰田精益管理：TPM推进体系建设（图解版）》
★《丰田精益管理：生产事故防范（图解版）》
★《丰田精益管理：人力资源风险控制与管理（图解版）》
★《丰田精益管理：职业健康安全（图解版）》
★《丰田精益管理：企业文化建设（图解版）》

　　"丰田精益管理系列"图书的特点是内容深入浅出、文字浅显易懂，作者将深奥的理论用平实的语言讲出来，让初次接触丰田精益管理的企业管理人员也能看得懂、看得明白。同时，本系列图书利用图解的方式，能使读者阅读更轻松、理解更透彻、应用更方便。另外，本系列图书特别突出了企业在管理实践过程中的实际操作要领，读者可以结合自身情况分析和学习，并直接应用于工作中，具有很高的参考价值。

　　本书由梁勤峰主编，安建伟、宁小军、陈超、车转、陈宇娇、成晓霞、程思敏、郭鹏丽、蒋昆波、李建伟、李相田、马晓娟、王丹、王雅兰、王振彪、武晓婷、徐亚楠、赵娜、赵仁涛、谭双可、冯永华、李景安、吴少佳、赵静洁、唐晓航、陈海川、马会玲、卢硕果、庞翠玉、闻世渺、唐琼参与了本书的资料收集和编写工作，滕宝红对全书相关内容进行了认真细致的审核。

　　本书在编写过程中，得到了广东省中小企业发展促进会、深圳市时代华商企业管理咨询有限公司、山西管理职业学院等咨询机构、职业学院及相关企业的支持与配合。在此，作者向他们表示衷心的感谢。

C目 录
ONTENTS

第1章 TPM体系建立

　　TPM是指全员参与的生产性维护活动。通过开展TPM活动,企业可以提高各级员工对设备管理的认识水平,加强设备管理,提高设备的使用效率,延长设备寿命。因此,企业应积极推行TPM活动,动员全体员工都参与进来,在最大范围内获得成功。

第2章 自主保全

　　员工是企业的主体,每一位企业的管理者都必须正视这一情况。要发挥自主保全的最大作用,就必须依赖于员工。员工需要体现主体价值,但也不能脱离组织目标。要让员工展现主体作用,就必须尊重员工，让员工善于进行自我管理。

第3章　专业保全

保全活动不再是单纯的设备维护管理，而是已扩大到设备安装时的MP活动。专业保全的目的是降低设备从设计、制造到运行、保全的成本，即设备在生命周期中本身的成本、劣化损失等的总成本，提高企业的生产率，它的重要性已经越来越被企业认可。有效的专业保全反映在事后保全次数的减少上。

第4章　个别改善

根据木桶原理，企业若能够迅速找到自己的"短板"，并给予精益化改善，既能够用最小的投入产生最大的效果，又可以改善现状。个别改善就是指为追求设备效率的最大化，最大限度地发挥出设备的性能，而采取的消除影响设备效率的损耗、引起设备综合效率下降的损耗的具体活动。

第5章　品质改善

生产现场的自动化促使生产主体由人转移至设备，因此，设备状态的优劣对确保产品品质产生了重要作用。品质保养就是指为了保持完美的产品品质（100%良品），就要保持设备的完美状态。从设备的管理层面来探讨产品的品质问题是品质保养活动的前提，也是TPM活动八大支柱的重要环节。

第6章　前期管理

设备前期管理一般是指企业对外购设备和自制设备就技术环节和经济效益进行的全面管理。外购设备的前期管理主要包括选型采购、安装调试、验收等，自制设备的前期管理主要包括调查研究、规划设计、制造等。本书主要介绍外购设备的前期管理。

第7章　事务改善

　　TPM是全员参与的持久的集体活动，没有间接管理部门的支持，企业实施TPM精益化管理是不可能持续下去的。事务改善是间接管理部门的事务革新活动，活动的内容包括对生产管理事务、销售管理事务、行政后勤管理事务以及其他间接管理事务的改善。事务改善的目的是改善管理系统，消除各类管理损耗，减少间接工作人员，提高办事效率，更好地为生产活动服务。

第8章 环境改善

环境改善就是通过实施5S等活动使操作环境良好，确保生产活动的安全，消除困难作业、危险作业以及任何可能引发灾害的隐患，创造适合人和设备工作的良好环境。企业应全面开展环境保护活动，杜绝污染，减少废弃物，节能降耗，并开展资源再利用。

第9章　人才培育

人才培育的目的是培养新型的、具有多种技能的员工，这样的员工士气高昂，能够高效并且独立地完成各项工作。企业能够为员工提供的教育与训练可分为OJT（On the Job Training，现场内的训练）与off-JT（Off the Job Training，现场外的训练）。

第10章　设备信息化管理

设备从采购入库到使用变更，再到维修和报废处理，涉及到使用、管理、监察、决策等多个部门，环节众多，流程复杂。所以，在企业实施TPM管理的过程中，利用信息化手段实现对设备的精细化管理具有多方面的意义。

导读 全方位的TPM管理

一、精益管理的起源

随着人类生产技术的进步以及市场竞争环境的改变，商品生产经历了手工作坊小批量生产、机器化大规模生产、精益化生产等发展过程，具体如图1所示。

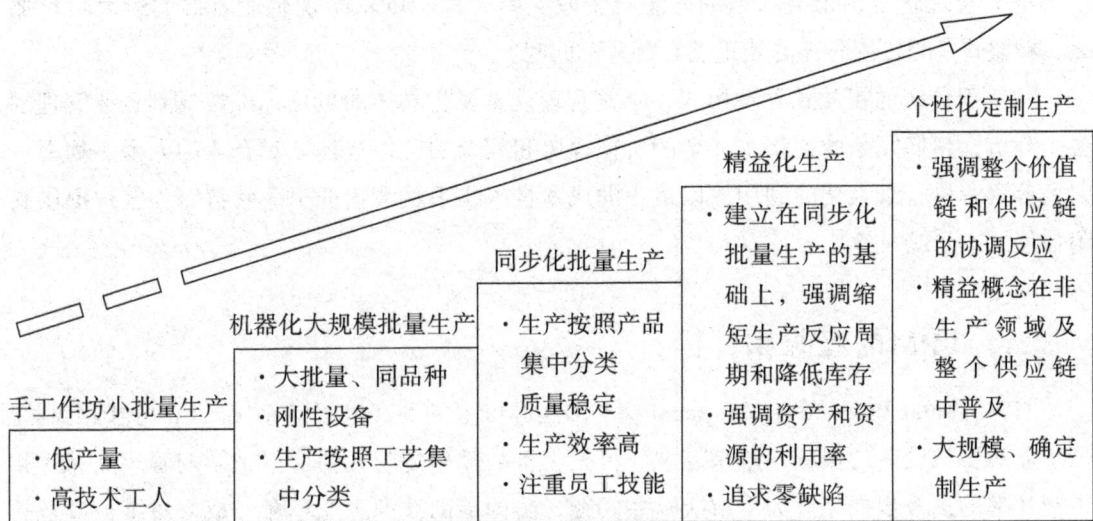

图1 精益生产进化路线

20世纪初，福特汽车公司致力于推行大批量生产方式，1908年，公司实现了零件互换，1913年又实现了移动装配线，生产率得到大幅度提升。随后，大规模生产模式逐步建立、成长和完善，实行大规模批量生产方式的厂家获得了巨额利润。20世纪70年代，日本汽车大规模进入了美国市场，美国汽车工业面临巨大压力。美国工业界、学术界开始重视与思考这一重大的市场变化。美国麻省理工学院在做了大量的调查和对比后认为，高质量、低消耗的生产方式是最适用于现代制造企业的一种生产组织管理方式，他们将这种生产组织管理方式称之为精益生产方式。精益生产方式的形成过程大致可以划分为以下四个阶段，具体如图2所示。

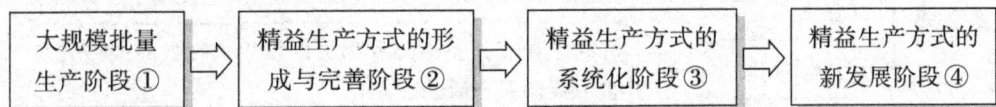

图2 精益生产的形成阶段

1

阶段说明：

① 大规模批量生产阶段主要是以20世纪初，福特汽车公司创立第一条汽车生产流水线开始为标志，这是实现工业化生产的里程碑。

② 第二次世界大战后，日本丰田公司开始多品种、小批量地生产汽车。随着日本汽车制造商大规模海外设厂，丰田高质量、低消耗的生产方式传播到了美国。

③ 1985年，美国麻省理工学院开启"国际汽车计划"项目，经过近10年的研究，提出并完善了精益生产的理论体系。

④ 20世纪末，很多大企业将精益生产方式与本公司实际相结合，创造出了适合本企业需要的精益管理体系。精益化管理的各种新理论、新方法层出不穷，出现了百花齐放、百家争鸣的现象。

精益管理就是用精益求精的思想对企业实施管理，以求实现企业效益的最大化。那么，精益管理与传统管理的侧重点有哪些不同呢？

相对于传统的粗放式管理模式，精益管理就是要将具体的量化标准渗透到企业管理的各个环节，精简冗余的消耗、冗余的机构设置和冗余的工作流程，对企业的人力、物力、财力等资源进行最大化的利用，以最小的成本投入实现最大化的企业效益，为客户提供高附加值的产品或服务。

二、TPM的起源和目标

TPM（Total Productive Maintenance）的起源可追溯到20世纪50年代。当时美国的制造加工业对机械设备的依赖性越来越强，可是设备故障率的与日俱增严重影响着产品品质和生产效率的进一步提高。为了解决这些问题，美国借助欧洲工业革命的成果对维护设备的经验进行了总结，得出了四种保全方法。后来，企业将事后保全（Breakdown Maintenance，BM）、预防保全（Preventive Maintenance，PM）、改良保全（Corrective Maintenance，CM）、保全预防（Maintenance Prevention，MP），即BM、PM、CM、MP这四种方法结合起来，称之为"生产保全（Productive Maintenance，PM）"，这就是TPM的雏形。具体如图3所示。

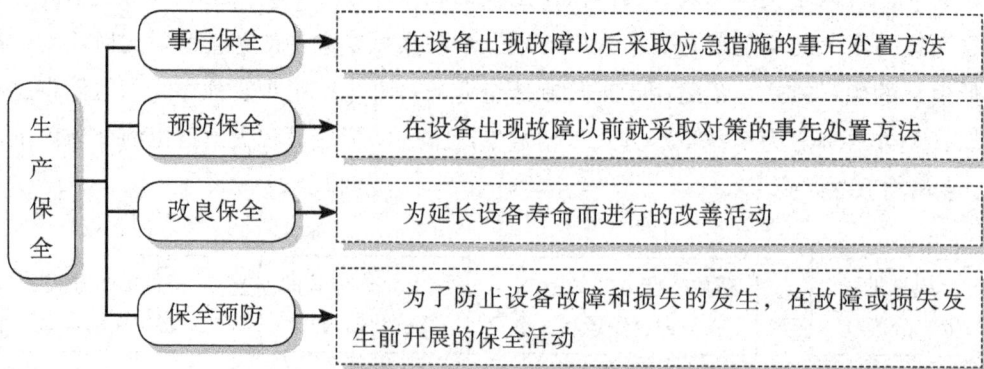

图3　生产保全的内涵

后来，日本在1961年引入以美国GE公司为代表的美式PM生产保全，并以此为母体开始探索日本式的PM活动。日本电装公司是第一家广泛应用预防性维修技术的公司。由于自动化程度较高，维修人员缺乏，维修工作成为了公司的一项难题。于是，公司管理层决定由生产人员来负责设备的日常维护，而维修人员只负责一些必要的维修工作。实践证明，维修人员在新设备上实施或在新旧设备上联合实施专业调整工作确实提高了维修工作的可靠性，所以公司从1968年开始实施全体生产和维护人员需共同参与PM活动的制度，并将维修工作细化为预防性维修、自治性维修和改进性维修三种。经过两年多的探索，日本电装公司成功地创立了日本式PM，即"全员生产保全（TPM）"。

全员生产保全（TPM）是一种维修工作流程，它可以显著地提高生产率，增强员工的士气，提升他们的工作满足感。降低设备的返修维护率，合理地控制能耗，不但能大幅度地降低企业的营运成本，更是生产质量的有力保障。所以TPM是企业必不可少的精益化管理手段之一。

三、TPM精益化管理的内容

TPM活动就是通过全员参与，并以团队工作的方式，创建优良的设备管理系统，提高设备的开机率（利用率），从而全面提高生产系统的运作效率，保证生产计划的执行，有效地降低企业制造成本。

企业实施的TPM被称为全面生产性维护，它由两个组成部分，具体如图4所示。

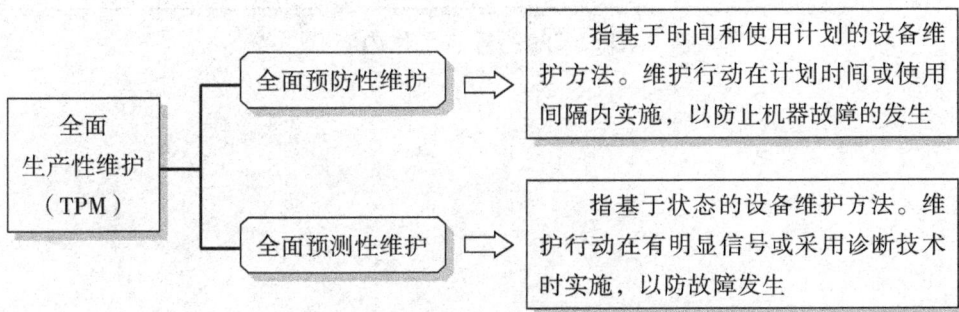

图4 TPM（全面生产性维护）的组成部分

目前，TPM使设备的保养和维修成了工厂精益化管理中的一项日常工作，维修停工期被安排为工作日的一部分，而不会被认为是一种生产待工的现象。

企业开展的TPM活动主要有八项重点工作内容，也被称为"TPM八大支柱"，包括自主保全、专业保全、个别改善、品质改善、初期改善、事务改善、环境改善和人才培育等，具体如图5所示。其中，使员工做到自主管理是TPM活动最核心的内容之一。

自主保全	培养员工主人翁的敬业精神，持续不断地对工作场所、设备等进行维护和改善，即谁使用设备，谁负责保养
专业保全	为了完善工厂和设备的保全体制，企业要培养一批专业维护人员，专门解决设备管理问题
个别改善	也称焦点改善，是为了达成公司的经营目标所进行的一些重大课题项目的改善活动，将关注焦点变为改善与革新项目，实现管理的提升
品质改善	通过对产品的设计、生产过程和品质系统进行改善，优化设计和制造过程来达成品质目标，使产品做到零缺陷
初期改善	在设计产品和安装设备的前期阶段，将现场问题直接反馈至设计部门，可以实现设备的保全预防设计，便于保全和维护
事务改善	主要指间接部门的效率改善活动，主要包括办公室事务的改善，例如办公效率的提高、办公设备的管理等
环境改善	通过消除困难作业、危险作业来消除可能引发灾害的各种隐患，创造良好的工作环境
人才培育	积极开展有效的学习活动，对员工进行有效的教育和训练，持续提升员工（作业人员和管理人员）的能力水平，营造学习的氛围

图5 TPM的重点工作内容

第 1 章

TPM体系建立

··· 关键指引 ········

TPM是指全员参与的生产性维护活动。通过开展TPM活动，企业可以提高各级员工对设备管理的认识水平，加强设备管理，提高设备的使用效率，延长设备寿命。因此，企业应积极推行TPM活动，动员全体员工都参与进来，在最大范围内获得成功。

第1节　成立TPM活动推进组织

1.1　TPM活动的推进组织

1. TPM活动推进组织结构

TPM活动的有效推进有赖于一个强有力的活动推进组织。TPM活动推进组织的一般构成方式如图1-1所示。

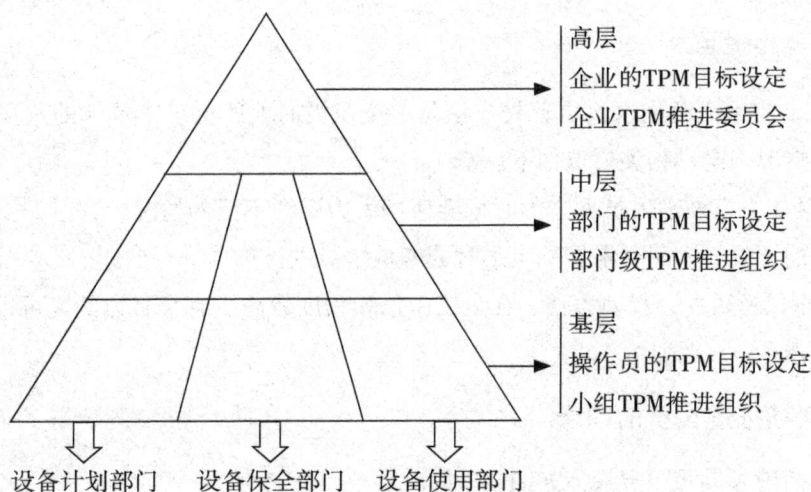

高层
企业的TPM目标设定
企业TPM推进委员会

中层
部门的TPM目标设定
部门级TPM推进组织

基层
操作员的TPM目标设定
小组TPM推进组织

设备计划部门　　设备保全部门　　设备使用部门

图1-1　TPM活动推进组织结构

2．TPM活动推进组织形式

（1）企业TPM推进委员会

企业TPM推进委员会由企业的高层管理者组成，主要包括企业最高负责人，如董事长、总经理或企业各部门负责人等。

（2）TPM推进事务办公室

TPM推进事务办公室是一个常设机构。较大规模的企业可以任命数名专职人员负责TPM推进事务办公室的工作，而较小的企业可以任命兼职人员来负责这项工作。

（3）部门TPM活动推进组织

部门TPM活动推进组织主要由企业任命的兼职人员组成，主要负责部门TPM活动的推进、配合事务办公室工作以及对活动成果的总结等工作。

1.2 选择TPM活动的推进人员

1．TPM团队人员的来源

TPM团队组成人员的来源如图1-2所示。

图1-2 TPM团队组成人员的来源

2．人员选择要点

一般来说，TPM活动推进人员首先应该是一位积极向上的员工，具体的选拔条件可由企业根据具体情况确定，相关要点如下。

（1）在具体决定推进人员人选的时候会碰到人力资源不足的情况，这时就不能拘泥于企业事先制定的评价表，而要根据员工平时的考核结果进行选拔。

（2）工作积极认真、行动力强、在员工中信赖程度较高、有号召力的人可以成为TPM活动的推进人选。

3．TPM活动推进人员的职责

TPM活动推进人员的职责具体如图1-3所示。

专业维护人员

（1）有计划地实施所有的定期保养措施，并根据需要采取维修措施

（2）使用振动分析、磨损度分析和热感应等预测工具

（3）建立维护设备的保养记录

（4）与操作员协同工作，并提供技术支持

（5）执行设备大修和综合调试作业

（6）执行一些特殊或有风险的作业

一线操作人员

（1）清洁和缺陷检查

（2）执行基本润滑、多点检测的工作

（3）按照核准清单对设备进行定期保养

（4）按计划执行设备的日常清洁和整理工作

（5）识别设备异常

（6）根据需要，协助维护人员进行维修

（7）执行基本的设备调试工作

（8）提交改善提案

现场管理人员

（1）推广TPM概念

（2）监控设备管理、设备保养及设备清洁工作的进行

（3）培养操作员的主人翁意识

（4）对操作员授权

（5）为TPM活动的实施提供时间支持

（6）促进生产，维护合作

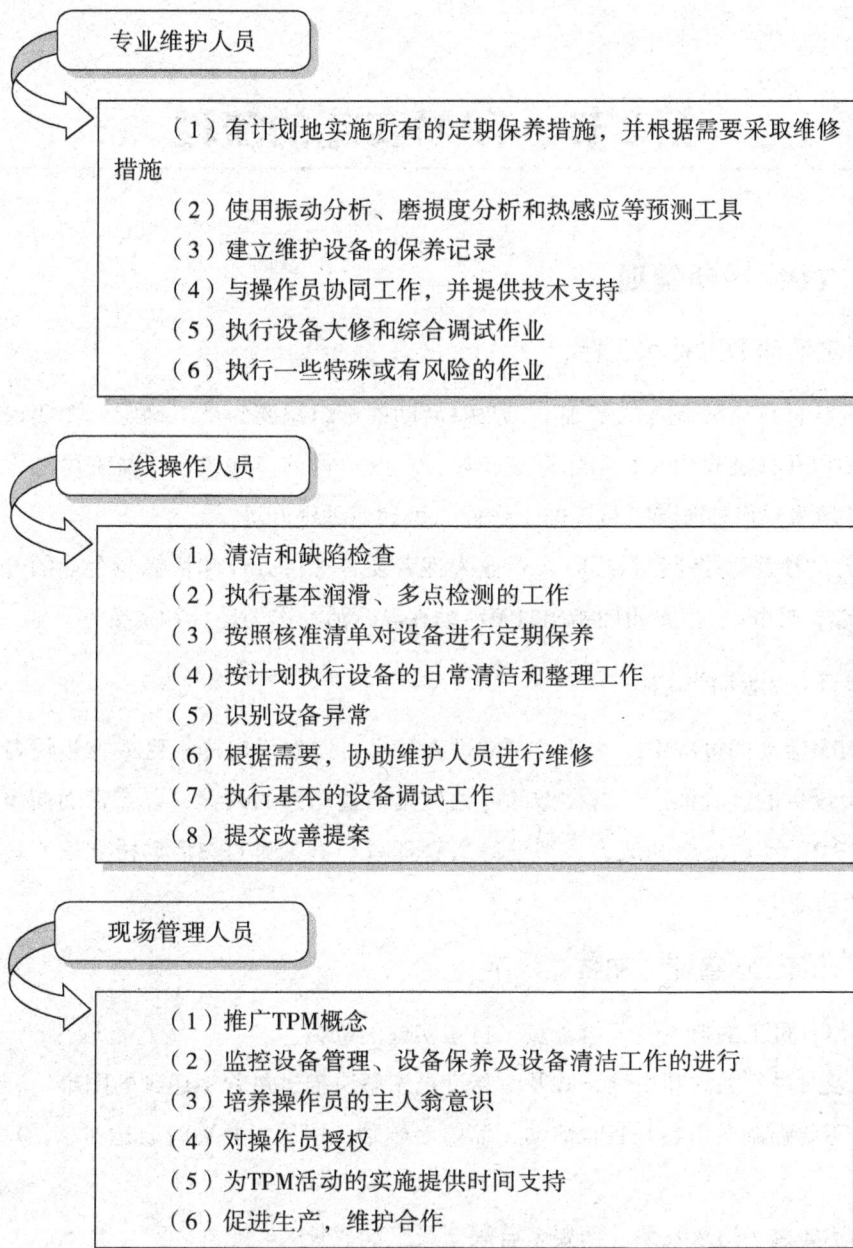

图1-3　TPM活动推进人员的职责

第2节　TPM实施的流程

2.1　TPM活动策划

1．确定活动的方针和目标

在对现状进行充分调查的基础上，TPM活动推进组织要为员工确定一个明确的目标，这个目标必须既有挑战性又有实际意义，如企业效益得到何种改善、员工可能得到何种回报、工作环境得到何种改善、员工的工作能力得到何种提升等。

在设定TPM活动方针和目标时，企业管理者要考虑将方针和目标与企业的经营方针和目标进行整合。同时，也要明确指出TPM活动在经营活动中的地位和重要性。

2．制订TPM活动计划

导入TPM活动的过程中，企业TPM推进委员会可以先设定样板区或样板设备，再将样板区或样板设备的经验推广，这样做的好处就是通过局部的改善，以点带面向企业上层与员工展示TPM活动的效果和威力，帮助高层管理者和员工对TPM活动树立信心，并积极地投入TPM活动之中。

3．提升员工改善能力和技能水平

（1）培育员工的自主性，给予员工自主实施的机会。

（2）及时进行关注和指导，并及时帮助员工解决推进过程中遇到的困难。

（3）不要强制员工参与TPM活动，而要多鼓励、引导，并适时表达对该活动过程和成果的认同。

（4）不要过于追求效果，而要多着眼于员工的成长。

2.2　TPM活动培训与宣传

TPM是一种涉及人、财、物等各个方面的现代管理模式，企业在推行TPM的过程中可能会遇到很大的阻力，所以需要一个强有力的推行机构来进行宣传造势和组织实施。

1．培训

由于TPM活动是全员参与的自主维护活动，因此企业必须对全体员工进行相关培训。

（1）了解TPM活动的内涵和作用

企业TPM推进委员会应组织开展全员培训活动，各部门推进组织应积极配合培训活动。通过培训，使员工明白开展TPM活动的目的和步骤，以及自己在活动中的职责等。

（2）培训自主维护的基本技能

各部门推进组织要结合现场事例，让员工逐步掌握工作技能，并体会现场改善的成就感。一般来说，这个阶段的培训内容包括：5S基本知识、TPM与5S的关系、TPM活动概要推进方法、目视管理活动的概要和实施要领等。

2．宣传

（1）悬挂TPM标语

企业可以悬挂一些宣传标语营造活动气氛。

（2）设置宣导看板

使用看板进行宣导，有利于TPM活动开展。

2.3　开展TPM活动

制订计划并开展了相关知识培训之后，企业就应当积极开展TPM活动。开展活动时应注意以下事项。

1．加强点检

点检是TPM活动的重要手段，在点检的同时还可以对设备进行维护。

（1）点检的基本内容

点检的内容主要包括设备的日常检查等，如对电机运行电流的确认和对螺丝紧固情况的确认等。点检还要求对设备情况及运行参数进行尽可能全面地检查和测试，并保证维护工作的及时进行。

（2）提高点检作业效率

随着点检工作的进行、点检经验的积累、技术水平的提高、维护备用品与维护工具条件的改善，企业需要对点检项目进行优化，以实现TPM活动水平的提高和点检作业的效率化。

2．调动员工积极性

调动员工的积极性和营造氛围是TPM活动推进过程中最关键的工作。企业可以采取以下措施以调动员工的积极性。

（1）将TPM活动与日常绩效考核挂钩，活动开展得好的班组将获得更多奖励。

（2）强调TPM活动的重要意义，提高员工的认识。

（3）企业各级领导积极带头开展TPM活动，起到以身作则的作用。

3．将企业设备管理制度与TPM活动相结合

企业管理者应将设备管理制度与TPM活动相结合，以方便开展活动，其具体职责如下。

（1）负责企业设备从进厂验收、使用、维护、修理、革新改造直到报废全过程的管理工作，保证设备的正常运行和动力供应的安全稳定。

（2）组织拟定设备管理的各项规章制度和技术标准，编制设备修理的图纸资料，做好设备技术档案管理工作。

（3）组织编制设备的保养检修计划和动力预防性试验计划，保证设备计划检修及节假日检修的实施。

（4）组织设备润滑管理，搞好润滑"五定"工作，并监督润滑作业质量。

（5）应用现代化管理方法管好设备，总结并推广维护新技术，对关键、重点连续生产设备实行预防维护。

（6）搞好设备资产管理工作。

2.4 总结TPM活动

企业应对有价值和有典型意义的TPM活动事例进行总结和成果展示，并与员工进行交流。

1．总结内容

总结内容包括改善前的状况、改善方法、改善后的状况和本次改善事例中总结出的经验等。为了使总结更直观和可信，可以将改善前后的照片进行对比。

2．总结形式

改善活动成果的体现形式是多种多样的，因此，各部门在总结活动成果的时候，总结形式也应该是多样化的。例如制作个人改善事例集、制作改善活动专栏、交流优秀改善事例、召开课题改善效果总结报告会等。

学习笔记

通过学习本章内容，想必您已经有了不少学习心得，请仔细填写下来，以便继续巩固学习。

另外，请填写运用计划，以使工作与学习相结合。

如果您在学习中遇到了一些难点，也请如实写下来，以方便今后在学习中彻底解决这些难点。

我的学习心得：

1. _____
2. _____
3. _____

我的运用计划：

1. _____
2. _____
3. _____

我的学习难点：

1. _____
2. _____
3. _____

第 2 章

自主保全

········· 关键指引 ·······

> 员工是企业的主体，每一位企业的管理者都必须正视这一情况。要发挥自主保全的最大作用，就必须依赖于员工。员工需要体现主体价值，但也不能脱离组织目标。要让员工展现主体作用，就必须尊重员工，让员工善于进行自我管理。

第1节　自主保全的内容

自主保全是设备使用部门在设备管理部门的指导和支持下，自行对设备实施的日常管理和维护。实施自主保全，员工坚持设备的日常维护，可以减少企业的管理成本。自主保全不但可以减少因设备故障而产生的日常停工，企业的生产质量和生产效率也会相应地得到提高。

1.1　自主保全的含义

自主保全除了自己管理好自己以外，还有以下四个方面的含义：

1. 自主参与

首先必须要参与者自主参与，而不是被动地参与。参与者必须具有主动性。

2. 善于学习

参与者必须善于学习，不断学习。刚接触设备的员工不仅要知道设备如何使用，还要知道设备如何维修。

3. 全员参与

自主保全需要人人参与，若没有群体效益，就无法做好此项工作。

4．长久坚持

自主保全不是一天、两天的事情，而是一个长期的习惯性动作。因此，如何长久坚持就成为了自主保全成败的关键。

1.2 企业常用设备的类型

企业常用的设备有许多不同的类型。

1．按设备的适用范围分类

按适用范围分类，企业常用的设备可分为通用设备和专用设备两类，具体如表2-1所示。

表2-1 设备按适用范围分类

序号	类别	具体内容
1	通用设备	通用设备是指企业在生产经营中广泛采用的设备，例如用于制造、维修的各种机床，用于搬运、装卸用的起重运输设备，以及各种泵、阀等
2	专用设备	专用设备是指企业为完成某个特定的生产环节、制造某种特定的产品而专门设计、制造的设备，这些设备只能在特定部门、特定的生产环节中发挥作用，不具有普遍应用性和价值，例如进行品质检验的设备等

2．按设备的用途分类

按用途分类，企业常用的设备可分为动力设备、金属切削设备、金属成型设备、起重运输设备和通用设备五类，具体如表2-2所示。

表2-2 设备按用途分类

序号	类别	具体内容
1	动力设备	动力设备是指用做动力来源的设备，也就是原动机，例如电动机、内燃机、蒸汽机以及在无电源的地方使用的联合动力装置等
2	金属切削设备	金属切削设备是指对金属毛坯零件进行切削加工的设备。由于其工作原理、结构性能特点和加工范围的不同，可分为车床、镗床、钻床、磨床、齿轮加工机床、螺纹加工机床、铣床、拉床、刨插床、电加工机床和其他机床等

（续表）

序号	类别	具体内容
3	金属成型设备	金属成型设备是指除金属切削加工机床以外的金属加工设备，例如铸造设备和锻压设备等
4	起重运输设备	起重运输设备是指用于在一定距离内运移货物或人的提升和搬运设备，例如各种起重机、运输机、升降机和卷扬机等
5	通用设备	通用设备是指广泛用于工业生产的各类设备，例如泵、阀、制冷设备、压气机和风机等

3. 按设备的使用性质分类

按使用性质分类，企业常用的设备可分为生产用设备、非生产用设备、租出设备、未使用设备、不需用设备和融资租赁设备六类，具体如表2-3所示。

表2-3　设备按使用性质分类

序号	类别	具体内容
1	生产用设备	生产用设备是指发生直接生产行为的设备，例如动力设备、起重运输设备、电气设备、工作设备、测试仪器及其他生产用具等
2	非生产用设备	非生产用设备主要是指企业中人力资源部、财务部等事务部门所使用的设备，例如打印机和复印机等
3	租出设备	租出设备是指按规定可以出租给外单位使用的设备
4	未使用设备	未使用设备是指未投入使用的新设备和存放在仓库准备安装投产或正在改造、尚未验收投产的设备等
5	不需用设备	不需用设备是指不适合本企业需要、已报请上级等待调出处理的各种设备
6	融资租赁设备	融资租赁设备是指企业以融资租赁方式租入的设备

1.3　设备自主管理的三个阶段

设备自主管理的三个阶段分别是日常的防止劣化阶段、发现劣化阶段和改善劣化阶段。现场操作人员要在作业中注意观察，一旦有隐患出现，例如螺丝松动、设备运转时间变长等情况，应立即停机并马上检修。

1．防止劣化阶段

防止劣化主要指对设备的日常检查。日常检查主要有以下几个项目，这些工作必须每天坚持不断地做，并保持记录。

（1）设备周边环境的整顿；

（2）设备表面的清扫；

（3）给设备上润滑油、能耗油；

（4）螺丝的紧锁；

（5）设备声音是否异常。

2．发现劣化阶段

（1）主要通过定期检查发现设备劣化。企业一般都实行周检制。

（2）检查项目主要有检查设备的精度、性能和温度是否达到要求。这些检测主要通过仪器进行，如果肉眼可见，必须随时注意。

3．改善劣化阶段

（1）在设备故障出现前，对设备进行小维修，例如更换油封和油圈等。

（2）出现大问题时，员工不要自行处理，应请专业维修人员处理，员工可以在一旁协助和学习。

1.4　设备自主管理的内容

设备自主管理是企业广大员工在自己的工作范围内，自愿针对生产管理过程中的各种薄弱环节进行的设备维护改善活动。

1．设备的选购和评价

企业应根据技术先进、经济合理、生产可行的要求，正确地选购设备。

2．设备技术状况管理

按设备的技术状况、维护状况和管理状况，企业一般将设备分为完好设备和非完好设备两类，并分别做好登记工作，同时对非完好设备进行修理、改造和更新等。

3．设备润滑管理

设备润滑管理要做好以下工作，具体如图2-1所示。

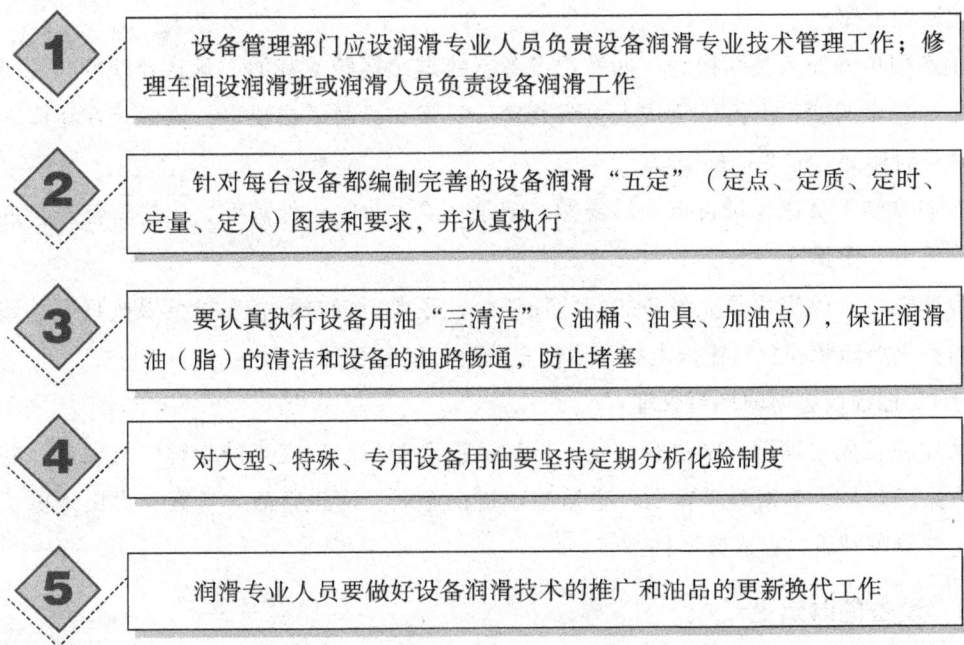

1 设备管理部门应设润滑专业人员负责设备润滑专业技术管理工作；修理车间设润滑班或润滑人员负责设备润滑工作

2 针对每台设备都编制完善的设备润滑"五定"（定点、定质、定时、定量、定人）图表和要求，并认真执行

3 要认真执行设备用油"三清洁"（油桶、油具、加油点），保证润滑油（脂）的清洁和设备的油路畅通，防止堵塞

4 对大型、特殊、专用设备用油要坚持定期分析化验制度

5 润滑专业人员要做好设备润滑技术的推广和油品的更新换代工作

图2-1 设备润滑管理工作内容

4．设备缺陷的处理

（1）当设备发生缺陷时，岗位操作和维护人员能排除的应立即排除，并在工作日志中详细记录；无法排除的，操作和维护人员应详细记录和逐级上报，同时悉心观察，注意缺陷发展，并在每天的生产调度会上与参会人员一起研究决定如何处理。

（2）在安排处理每项缺陷前，企业必须采取相应的措施，明确专人负责，以免缺陷扩大。

5．设备运行管理

设备运行管理是指通过一定的手段，使各级维护人员能牢牢掌握设备的运行情况，并依据设备运行的状况制定相应的管理措施。

（1）加强设备日常维护保养

企业应加强对设备的日常维护保养，确保设备正常运行，例如在设备旁放上一瓶水，以便操作和维护人员能够及时对设备进行清洁。

（2）建立健全设备巡检标准

企业要依据设备的结构和运行方式，确定每台设备的检查部位（巡检点）、检查内容（检查什么）和正常运行的参数标准（允许的值），并针对设备的具体运行特点，明确每一个巡检点的检查周期。检查周期一般可分为时、班、日、周、旬和月。

（3）建立健全巡检保证体系

岗位操作人员负责对本岗位使用设备的所有巡检点进行检查，专业修理人员负责重点设备的巡检工作。

生产岗位操作人员巡检时，如发现设备不能继续运转或其他需紧急处理的问题时，要立即通知当班调度，由值班负责人组织处理。对于一般隐患或缺陷，应记录在相应的表格中，并及时传递给专职巡检员。

专职维修人员进行设备点检后要做好记录，除安排本组处理外，还要将信息传递给专职巡检员，以便其统一汇总。

专职巡检员除完成重点设备的巡检任务外，还要负责将所有巡检结果按日汇总整理，列出当日重点问题并及时输入电脑，以便企业进行综合管理。

（4）加强设备薄弱环节管理

企业应首先对薄弱环节进行认定，然后依据动态资料确定当前应解决的项目，并提出改进方案，最后，在对设备薄弱环节采取改进措施后，应进行效果考察，提出评价意见，经相关领导审阅后，存入设备档案。

6．设备的改造更新

为了满足提高产品质量、发展新产品、改革老产品和节约能源的需要，企业应当有计划、有重点地对现有设备进行改造和更新。这项工作包括编制改造更新规划和改造方案、新设备技术和经济论证、改造更新资金申请和处理老设备等内容。

1.5　设备自主保全的基本要求

设备自主保全管理的基本要求是操作人员必须做到"三好"和"四会"。

1．"三好"要求

操作人员的"三好"要求的具体内容如图2-2所示。

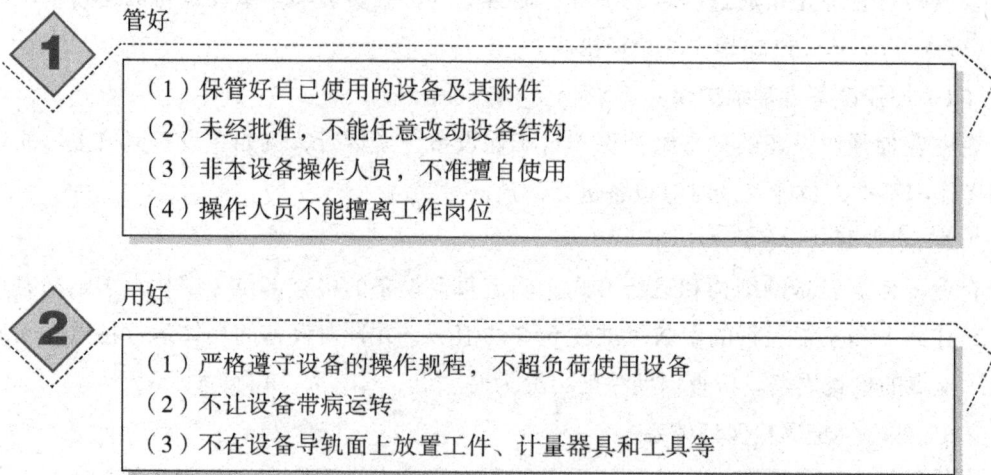

1 管好
- （1）保管好自己使用的设备及其附件
- （2）未经批准，不能任意改动设备结构
- （3）非本设备操作人员，不准擅自使用
- （4）操作人员不能擅离工作岗位

2 用好
- （1）严格遵守设备的操作规程，不超负荷使用设备
- （2）不让设备带病运转
- （3）不在设备导轨面上放置工件、计量器具和工具等

3 修好

(1) 保证设备按期修理，认真做好一级保养
(2) 修理前主动反映设备情况
(3) 修好后认真进行验收

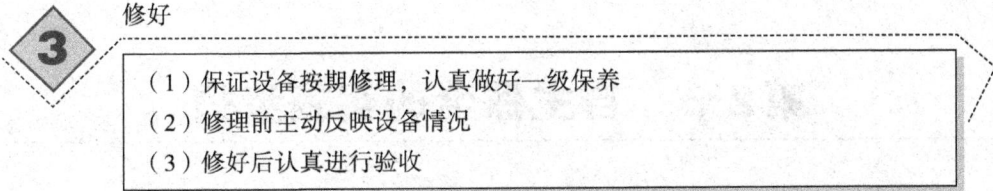

图2-2 操作人员的"三好"要求

2. "四会"要求

操作人员的"四会"要求的具体内容如图2-3所示。

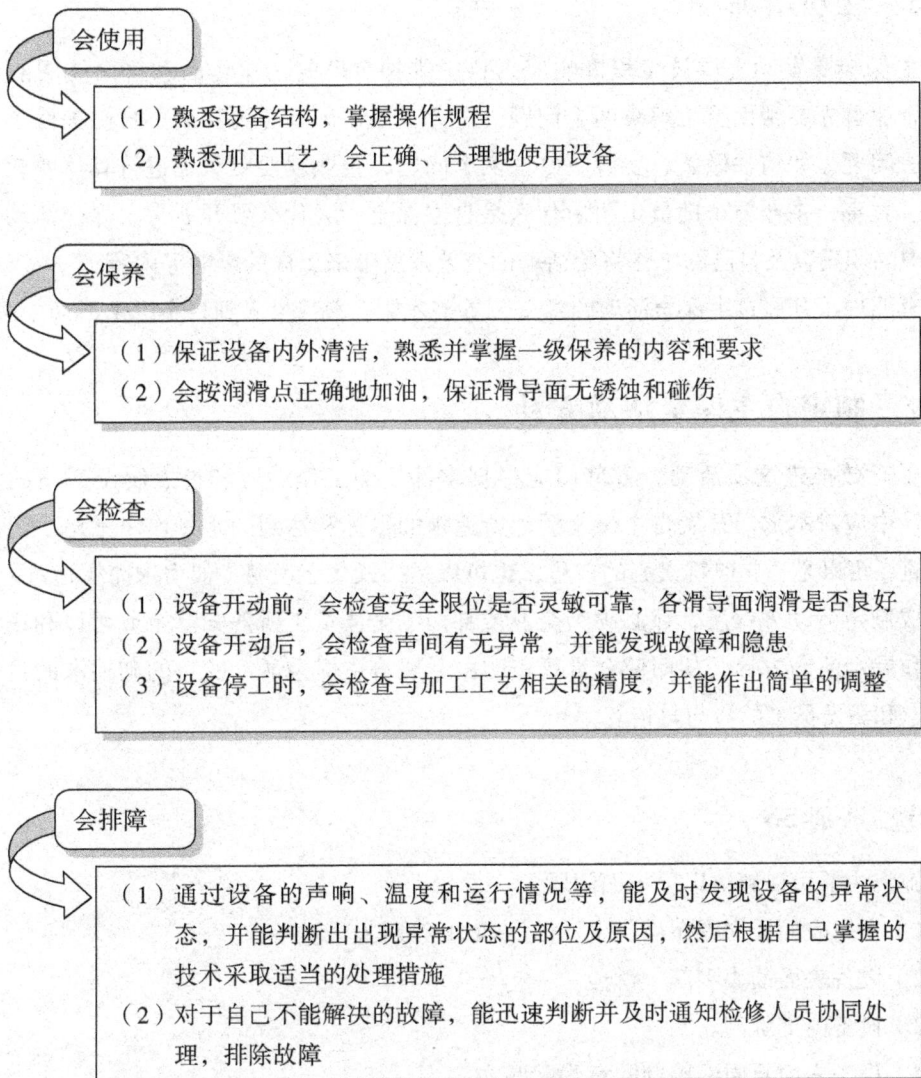

会使用

(1) 熟悉设备结构，掌握操作规程
(2) 熟悉加工工艺，会正确、合理地使用设备

会保养

(1) 保证设备内外清洁，熟悉并掌握一级保养的内容和要求
(2) 会按润滑点正确地加油，保证滑导面无锈蚀和碰伤

会检查

(1) 设备开动前，会检查安全限位是否灵敏可靠，各滑导面润滑是否良好
(2) 设备开动后，会检查声间有无异常，并能发现故障和隐患
(3) 设备停工时，会检查与加工工艺相关的精度，并能作出简单的调整

会排障

(1) 通过设备的声响、温度和运行情况等，能及时发现设备的异常状态，并能判断出出现异常状态的部位及原因，然后根据自己掌握的技术采取适当的处理措施
(2) 对于自己不能解决的故障，能迅速判断并及时通知检修人员协同处理，排除故障

图2-3 操作人员的"四会"要求

第2节　自主保全的实施步骤

自主保全要求生产一线操作者应在对设备每天使用情况都非常了解的基础上，做好设备的日常保养、清洁、清理和润滑等工作，以降低设备故障率。

企业要实施自主保全管理可以按照以下步骤进行。

2.1　全员培训

自主保全要发动全体员工积极响应，自主维护自己的工作场所和自己使用的设备。为此，企业首先要帮助员工解决两个问题：一个是认识问题（为什么要自己去做），另一个是方法问题（如何去做）。要解决好这两个问题，企业就要对员工进行具体的教育和培训。通过教育，企业要帮助员工明白什么是自主保全、为什么要开展自主保全活动、自己在活动中的职责以及自己的工作将给活动的有效发展带来怎样的影响等内容。

只有明白了开展自主保全活动的意义，员工才能有激情投入到自主保全活动中去。

2.2　制定自主保全活动方针

为了有效推进这项活动，各部门应根据本部门的工作性质和特点制定部门的活动方针，方针中应对本部门开展自主保全活动所追求的目标和达到的水平作出承诺。活动方针可繁可简，可以是一句鼓舞人心的口号，也可以是一段文字说明，但力求简练达意。

完成制定活动方针后，还必须为企业或部门的全体员工所熟知。企业可以利用各种形式宣传和展示活动方针，从而使全员真正明白开展自主保全活动的目的和追求的目标，以统一意志和激发员工的参与热情。

2.3　实施5S

实施5S主要可以解决以下表面问题。

（1）设备表面及周围布满灰尘、油污和加工废料。

（2）设备表面油漆剥落、锈蚀。

（3）设备内部脏污。

（4）设备表面及周围墙壁随意张贴图文。

（5）原材料、工具等随意摆放。

（6）通道标识不明确或随意被占用。

（7）电源线和管道随意连接，或在地面上被胡乱布置。

（8）必要的与不必要的资料、文件堆放在一起，查找困难。

（9）员工懒散、仪容不整，经常走动或三五成群。

2.4　发生源的寻找与解决

所谓发生源，就是引起一些慢性问题（如油污、泄漏、飞溅、飞扬的粉尘、噪声等）的源头。一般来说，对发生源的治理是比较困难的。

要想解决发生源的问题，企业就要对发生源的位置、产生的原因进行调查分析，并进行整理和统计。这样做的目的是为了明确各种发生源的位置与数量，找到问题产生的源头，从根本上解决这些问题。

2.5　实施目视管理

管理的目的是为了提高效率。运用醒目颜色来方便操作，已经在生产现场管理中得到广泛运用。设备管理是生产现场管理其中的一项内容，因此用颜色进行目视管理同样可行。

2.6　自主保全活动效果的评价

企业对自主保全活动效果的评价主要从以下四个方面内容展开：

（1）评价自主保全活动是否有效

自主保全活动是否达到了企业的期望？是否提高了工作效率？是否降低了生产成本？

（2）评判自主保全活动是否符合标准

自主保全活动是否按照企业制定的方针路线运作？如果不是，企业又该采取何种措施？

（3）评判自主保全活动是否得到持续改善

自主保全活动是否中途停止？改善是否只存在于表面？

（4）对下一步工作提出指导意见

基于目前情况，下一步计划如何？

第3节　建立点检制度

设备点检与人的定期体检一样，是为了能发现设备出现的某种不正常状态，以便相关人员及早对设备进行早期检查、诊断和早期维修。

3.1　什么是点检制

点检制是指通过制定点检频率，对设备实施按标准、按周期、按部位的检查，这项制度已经成为一种最普遍的管理制度，出现在众多企业的管理制度体系中。点检制以点检为中心，通过运用检查手段，对设备实施早期检查、诊断和维修，要求点检人员肩负起检与修的双重责任。

1．点检的内容

点检的内容主要如表2-4所示。

表2-4　点检的内容

标准	点检类型	具体内容
点检对象（设备）的运行状况	开机前点检	确认设备是否具备开机的条件
	运行中点检	确认设备运行的状态和参数是否正常
	停机点检	停机后，定期对设备进行检查和维护工作
点检时间	日常点检	由操作人员负责，与设备的日常维护保养共同进行
	定期点检	为不同的设备确定不同的点检周期，点检周期一般为一周、半个月或一个月等

2．点检制度的特点

点检是按照一整套标准化、科学化的流程进行的，它是动态的管理，具有"八定"的特点。"八定"的具体内容如表2-5所示。

表2-5 点检制度的特点

序号	特点	具体内容
1	定人	决定谁来负责设备点检。在一般情况下，企业都规定由设备操作者直接负责设备的点检，但是新员工必须经过培训后才可以胜任；新员工在未培训前，可由其主管人员负责
2	定点	明确点检的部位、项目和内容，例如设备配件连接点、齿轮交汇点等，使点检人员工作有目的、有方向
3	定量	对劣化程度进行定量测定，给维修工作提供依据
4	定周期	为设备的故障点确定不同的点检周期，例如有的故障点做到设备使用就检查一次，有的故障点可以一周检查一次
5	定标准	确定每个点检部位正常的依据，例如检查油箱时，要求出油箱不能高于进油口红线，也能不低于油封下限
6	定计划	制订点检计划，明确点检步骤与点检事项，目的在于提醒点检人员
7	定记录	认真记录，包括作业记录、异常记录、故障记录和倾向记录等
8	定流程	确定点检作业和点检结果的处理程序，明确点检的先后顺序

3．点检项目的选定

确定点检项目就是要确定设备在开机前、运行中和停机后需要周期性检查和维护的具体项目。

（1）开机前

可以根据设备的相关技术资料、技术人员的指导和操作人员的经验确定点检项目。一开始确定的点检项目可能很烦琐，不是很精练、准确，可以在工作中逐渐对其进行简化和优化。

（2）运行中

应根据操作者的技术能力、维修备用品和维修工具等的实际情况确定点检项目，并且要与专业技术人员进行的专业保全加以区别。在操作者的能力范围内，要做到自主保全的点检项目尽可能完善，保障设备的日常运行安全、可靠。

（3）停机后

对每项点检项目的点检方法、判定基准和点检周期进行修正和完善，以便于点检工作的实施。

4．点检方法

点检主要利用人的"五感"（视、听、嗅、味、触）和简单的工具仪器，按照预先设定的方法和标准，定点、定周期地对设备进行检查，找出设备的隐患和潜在缺陷，掌握故障的初期信息，并及时采取对策将隐患和故障消灭于萌芽状态。五感点检法的具体内容如表2-6所示。

表2-6　五感点检法的具体内容

序号	类别	具体内容
1	目视	目视的适用范围极广，各种检查均可从目视开始。用目视检查时，一定要对设备进行认真细致地观察，例如检查电气柜时，不但要看盘面，而且要打开柜门，从各个角度进行观察；检查电机时，不但要看电机外壳，而且还要打开端盖，进一步观察整流状况和火花等级等
2	耳听	听音法主要用于鉴别异音和正常声音。听到异音后，可以借助其他检查手段确定异常部位
3	鼻嗅	鼻嗅法主要用于检查烧焦等引起的异常气味，例如常用电气设备都是无怪气味的，若出现怪味，不是继电器、电动机线圈发生匝间短路，就是绝缘老化烧毁等
4	手摸	触觉与视觉、听觉是密切关联的。手摸主要检查温度、振动和污染等。温度过高不但会加速绝缘劣化、缩短绝缘寿命，还容易引起人身触电、烧损设备等事故，而且还会使电子回路性能下降
5	口尝	采用五感点检时，通常不大使用口尝的方法，即使在特殊场合急需鉴别酸性或碱性物质时，也必须在确保对身体无害的前提下谨慎使用

5．点检基准

点检基准是指某个点检项目测量值的允许范围，如电机的运行电流范围、液压油油压范围等，它是判定一个点检项目是否符合要求的依据。基准不是很明确时，可以咨询设备制造商或根据技术人员（专家）的经验值进行假定，然后逐渐提高精度。

6．点检周期

点检周期是指两次点检作业之间的时间间隔。不同设备、不同故障点的点检周期都是不同的。范本2-01、范本2-02和范本2-03分别是某公司发电机的开机前点检表、运行点检表和周期点检表，供读者参考。

【范本2-01】发电机开机前点检表

发电机开机前点检表

序号	点检项目	判断标准	结果确认
1	燃油油位	绿色范围	
2	负荷开关	关闭状态	
3	速度转换开关	低速状态	
4	机油油位	标定范围内	
5	冷却水位	标定范围内	
6	风扇皮带	无松动损伤	
7	输油管阀门	开启状态	
8	蓄电池	观察呈绿色	
9	机身	无杂物	
满足开机条件后签名、开机			

【范本2-02】发电机运行点检表

发电机运行点检表

机号： 日期：

序号	点检项目	正常状况	结果确认
1	油箱油位	绿色范围（200~400升）	
2	电源指示灯	亮	
3	输入频率	50赫	
4	输出电压	380伏	
5	输出电流	绿色范围（0~1064安）	
6	输出功率	绿色范围（0~560千瓦）	
7	单／并机开关	并机状态	
8	高／低速开关	高速状态	
9	电池开关	开启状态	
10	负荷开关	开启状态	

（续表）

序号	点检项目	正常状况	结果确认
11	过滤器报警	无	
12	启动钥匙	运行状态	
13	冷却油压	绿色范围（4~7千克/平方厘米）	
14	冷却油温	绿色范围（<100℃）	
15	冷却水温	绿色范围（<90℃）	
16	充电电流	绿色范围（0~15毫安）	
17	转速表	1500转	
确认人签名			

注：在结果确认栏中，"正常"记"√"，"不正常"记"×"。

【范本2-03】发电机周期点检表

发电机周期点检表

序号	点检项目	点检方法	判断标准	周期	结果确认
1	机体状态	目视	干净无损伤	次/周	
2	油路和油阀开关	观测试验	灵活无锈蚀	次/周	
3	蓄电池	观测试验	无溢液、电量足	次/周	
4	应急照明灯	观测试验	功能正常	次/周	
5	空气过滤器	清洁或更换	干净无损伤	次/月	
6	燃油泵开关柜	观测清洁	电流电压正常	次/周	
7	机油和过滤器	测试或更换	油位油质正常	次/月	
8	皮带轻紧度	测试	松紧正常	次/周	
点检者盖章					
异常记录				确认	

注：结果确认栏中，"良好"记"〇"；"要维修"记"×"；"修理中"记"●"。

3.2 点检实施流程

点检是为了确定设备是否符合规定的性能，企业应建立并健全完整的点检实施流程。

1. 点检前的准备工作

点检前的准备工作主要包括制订合理的点检计划、培训点检人员和设备点检通道。

（1）制订点检计划

对设备现状进行调查后，企业要制订相应的点检计划，确定好点检的项目、基准、方法和周期等。

（2）培训点检人员

为了使操作人员能胜任点检工作，企业应对操作人员进行一定的专业技术知识和设备原理、构造、机能的培训。这项工作由技术人员负责，并且要尽量采取轻松、活泼的方式进行。

在培训前，企业应制订培训计划，计划中应明确受培训者、培训者、培训的内容和日程安排等内容，以保障培训工作的实施。

（3）设置点检通道

对于设备较集中的场所，企业应考虑设置点检通道。点检通道的设置可采取在地面画线或设置指路牌的方式，然后再沿点检通道、依据点检作业点的位置设置若干点检作业站。这样，点检者沿点检通道走一圈，便可以高效地完成对一个区域内各个站点设备的点检作业，有效地避免点检工作中的疏忽和遗漏。在设置点检通道时要注意如图2-4所示的三项要点。

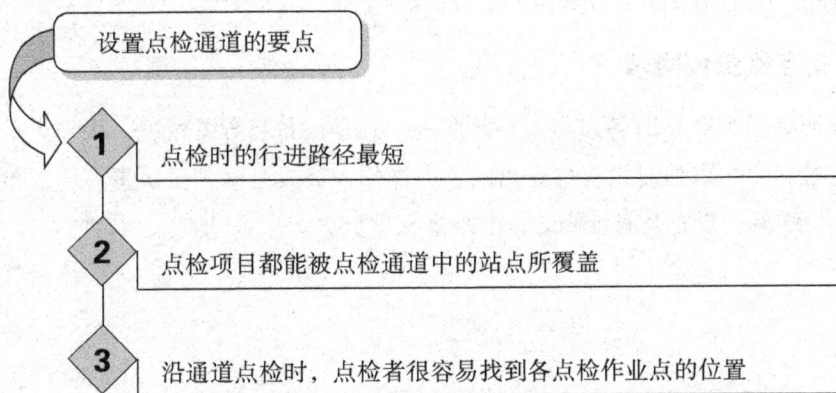

设置点检通道的要点

1 点检时的行进路径最短

2 点检项目都能被点检通道中的站点所覆盖

3 沿通道点检时，点检者很容易找到各点检作业点的位置

图2-4 设置点检通道的要点

2. 具体实施

对于日常点检，点检人员可以按照正常的程序实施点检作业；对于一些设备的定期点检，点检人员则要在规定的时间点进行，并做好相应的记录。

某些设备因日常工作量大、使用频繁，是点检工作的重点，点检人员须注意以下几个要点。

（1）点检必须按照规定的点检项目和科学的线路，每天循环往复地进行。做好这项工作的关键是严格执行日常的点检程序，同时，要求操作人员应成为具有较高素质的技术型和管理型作业人员。

（2）点检中发现设备摆放混乱时应及时整理，使其恢复整齐。

（3）必须对不正确的设备操作行为予以纠正，并要为操作人员讲解设备结构、性能等方面的相关要点，使其了解为何要按操作规程作业。

（4）应根据现场实际情况填写点检表，并与操作人员一起落实点检工作。

3. 点检结果分析

在点检实施后，点检人员要对所有记录，包括点检记录、设备潜在异常记录、日常点检的信息记录等进行整理和分析，以实施具有针对性的改进措施。在这些分析的基础上，企业可实施改善措施，以提高设备的使用效率。

4. 解决点检中存在的问题

设备点检中发现的问题不同，解决问题的途径也不同。

（1）经过简单调整、修正可以解决的问题，一般由操作人员自己解决。

（2）在点检中发现的难度较大的故障和隐患，由专业维修人员及时解决。

（3）维修工作量较大、暂不影响使用的故障和隐患，经车间机械员鉴定后，由车间维修组予以排除，或上报设备管理部门协助解决。

5. 设备点检责任明确

企业要明确设备点检时各参与人员的职责。凡是设备有异常情况，操作人员或维修人员在定期点检、专题点检时没有检查出的，由操作人员或维修人员负责；已点检查出的，应由维修人员维修；没有及时维修的，由维修人员负责。

学 习 笔 记

通过学习本章内容，想必您已经有了不少学习心得，请仔细填写下来，以便继续巩固学习。

另外，请填写运用计划，以使工作与学习相结合。

如果您在学习中遇到了一些难点，也请如实写下来，以方便今后在学习中彻底解决这些难点。

我的学习心得：

1. _____
2. _____
3. _____

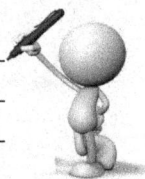

我的运用计划：

1. _____
2. _____
3. _____

我的学习难点：

1. _____
2. _____
3. _____

第 **3** 章

专业保全

··· 关键指引 ········

保全活动不再是单纯的设备维护管理，而是已扩大到设备安装时的MP活动。专业保全的目的是降低设备从设计、制造到运行、保全的成本，即设备在生命周期中本身的成本、劣化损失等的总成本，提高企业的生产率，它的重要性已经越来越被企业认可。有效的专业保全反映在事后保全次数的减少上。

第1节　专业保全的内容

对设备进行专业保全需要有一个好的计划，这一计划要由管理者根据企业的预算和前期的维护记录来制订。设备专业保全活动在整个生产活动中处于中心位置，从生产的投入到产品的产出，它始终渗透在人、设备和原材料中，其重要性不言而喻。

1.1　专业保全计划

企业要想进行专业保全，必须首先制订一份保全计划。制订保全计划的基础是企业下一个生产周期的整体经营目标。

例如，某企业去年生产A、B、C、D四种产品，全年营业额是1亿元，今年要生产B、C、D、E四种产品，计划营业额要达到1.5亿元。这一量化目标对于设备管理者的意义在于：第一，可以依据它分析现有设备的产能是否能实现增长目标，如果不能，需要增加多少设备；第二，设备在下一年度可能出现哪些故障，需要相应更换哪些零配件等。

1. 保全计划类型

经过量化分析，管理者便能确定保全预算和修理基准，填充保全计划的内容。企业可以将专业保全计划进一步细化，具体分为年度保全计划、月度保全计划、周保全计划、日保全计划和专案计划等，以提高计划的可行性，具体如图3-1所示。

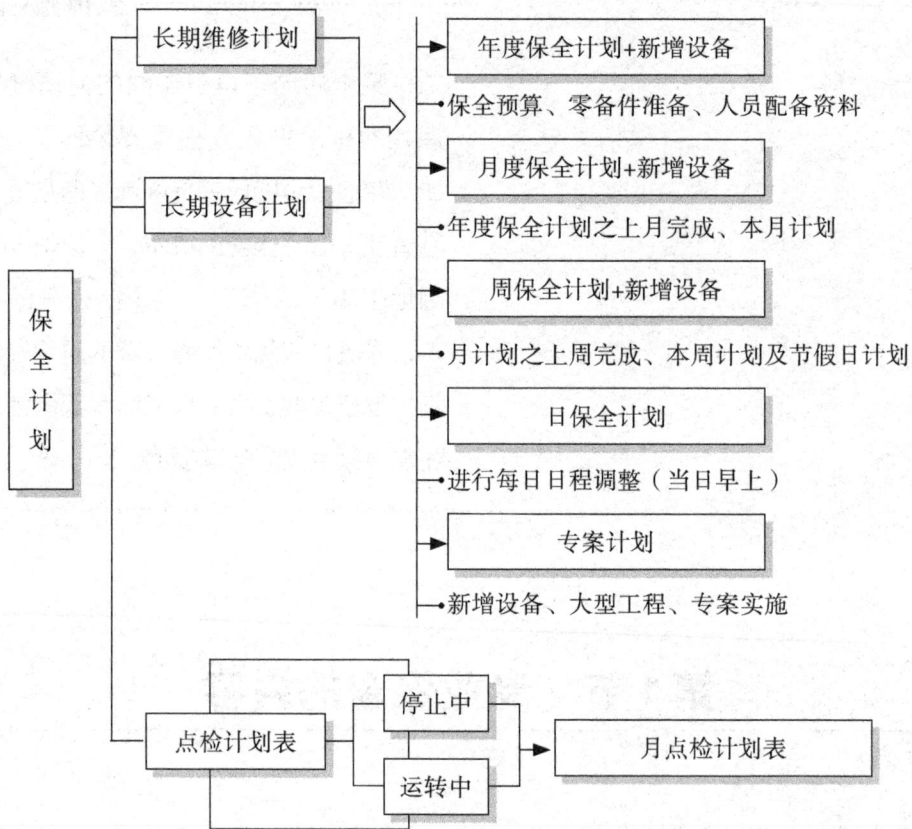

```
            ┌──长期维修计划──┐              ┌─────────────────┐
            │                │    ┌────────▶│ 年度保全计划+新增设备 │
            │                │    │          └─────────────────┘
            │                │    │          ─保全预算、零备件准备、人员配备资料
            │                │    │          ┌─────────────────┐
            │                │    ├─────────▶│ 月度保全计划+新增设备 │
  ┌──┐      │                │    │          └─────────────────┘
  │保│      └──长期设备计划──┘    │          ─年度保全计划之上月完成、本月计划
  │全│      │                    │          ┌─────────────────┐
  │计│──────┤                    ├─────────▶│ 周保全计划+新增设备 │
  │划│      │                    │          └─────────────────┘
  └──┘      │                    │          ─月计划之上周完成、本周计划及节假日计划
            │                    │          ┌─────────────────┐
            │                    ├─────────▶│    日保全计划     │
            │                    │          └─────────────────┘
            │                    │          ─进行每日日程调整（当日早上）
            │                    │          ┌─────────────────┐
            │                    └─────────▶│    专案计划      │
            │                               └─────────────────┘
            │                               ─新增设备、大型工程、专案实施
            │                  ┌──停止中──┐
            └──点检计划表──────┤          ├────▶ 月点检计划表
                               └──运转中──┘
```

图3-1　专业保全计划的类型

2．编制保全计划

一般由企业设备管理部门负责编制企业年度、季度及月份的设备保全计划，经生产、财务部门和使用单位会审、主管领导审批后，由企业下发、相关部门执行，并与生产计划同时考核。编制设备保全计划时，一般按收集资料、编制草案、平衡审定和下达执行四个程序进行。

（1）收集资料

编制计划前，设备管理部门应做好资料的收集和分析工作，资料主要包括设备技术状况方面的资料和编制计划需要使用和了解的资料。

（2）编制草案

在编制保全计划时，设备管理部门应认真考虑以下主要内容。

① 充分考虑生产对设备的要求，力求减少重点、关键设备的使用与修理时间的矛盾。

② 重点考虑将大修、项修设备列入计划的必要性和可能性，如在技术上、物资上有困

难，应分析研究并制定补救措施。

③ 设备的小修计划基本可按使用单位的意见安排，但应考虑备件供应的可能性。

④ 根据本企业的设备修理体制（企业设备修理机构的设置与分工）、装备条件和维修能力，初步确定由本企业维修以及委托外企业维修的设备。

⑤ 在安排设备专业保全维修计划进度时，既要考虑维修需要的轻重缓急，又要考虑维修准备工作的时间，并按维修工作定额平衡维修单位的劳动力。

在正式提出设备专业保全维修计划前，设备管理部门的维修计划员应组织部门内负责设备技术状况管理、维修技术管理、备件管理的人员及设备使用单位的机械动力师等相关人员逐项讨论，认真听取各方面的有益意见，力求使计划草案满足必要性、可行性和技术经济合理性上的要求。

（3）平衡审定

计划草案编制完毕后，设备管理部门应将草案分发各使用单位和生产管理、工艺技术及财务部门审查，收集对相关项目增减、轻重缓急、停歇时间长短、维修日期等问题的修改意见。

经过对各方面的意见加以分析和做必要修改后，设备管理部门正式编制出保全计划及其说明。在说明中应指出计划的重点、影响计划实施的主要问题和解决的措施。经生产管理和财务部门会签、送总机械动力师审定后，报主管厂长审批。

（4）下达执行

由企业生产计划部门和设备管理部门共同下达专业保全维修计划，并作为企业生产经营计划的组成部分进行考核。

3．年度大修、项修计划的执行和修订

设备年度大修、项修计划是经过充分地调查研究，从技术上和经济上综合分析了必要性、可能性和合理性后制订的，必须认真执行。在执行设备年度大修、项修时，必须提交申请，如表3-1所示。

但在执行中，由于某些难以克服的问题，必须对原定大修、项修计划作修改的，应按规定程序进行修改。符合下列情况之一的，可申请增减大修、项修计划。

（1）设备事故或严重故障，必须申请安排大修或项修才能恢复其功能和精度。

（2）设备技术状况劣化速度加快，必须申请安排大修或项修才能保证生产工艺要求。

（3）根据修前预检，设备的缺损状况经过小修即可解决，而原订计划为大修、项修者应削减。

（4）通过采取措施，若设备的维修技术和备件材料的准备仍不能满足维修需要，设备必须延期到下年度进行大修、项修。

表3-1　设备大修、项修申请表

资产编号		设备名称		型号规格	
制造厂		出厂编号		出厂日期	
已大修次数		上次修理日期		启用日期	
安装地点		要求修理日期		复杂系数	
目前使用情况及存在问题	使用部门负责人：　　　　　　　　　　　　年　　月　　日				
生产部门	负责人：　　　　　　　　　　　　　　　　年　　月　　日				
设备部门	负责人：　　　　　　　　　　　　　　　　年　　月　　日				
备注					

1.2　专业保全的类型

1．专业保全的分类

专业保全一般可以分为定期保全、预测保全和事后保全三类。这三类保全方式的特点如表3-2所示。

表3-2　专业保全的分类及其特点

分类	防止劣化	劣化测量	劣化恢复	操作者	保全员
定期保全	定期点检、给油	定期测定	定期整备		●
预测保全		趋势检查	不定期修复		●
事后保全	发现异常→早期联络		突发处理	○→●	

（1）定期（定量）保全

定期（定量）保全主要是指依据与设备老化最直接的关系（运转时间、产量和动作次数）确定修理周期（理论值、经验值），到修理周期时，对设备进行无条件的修理。

①依据时间周期（如：1次/月，1次/年）确定的修理，称为定期保全。

②依据产量和动作次数（如：1次/1千辆，1回/5万次）确定的修理，称为定量保全。

（2）预测保全

设备生命周期的故障曲线是一条元宝型的倒抛物线，如图3-2所示。

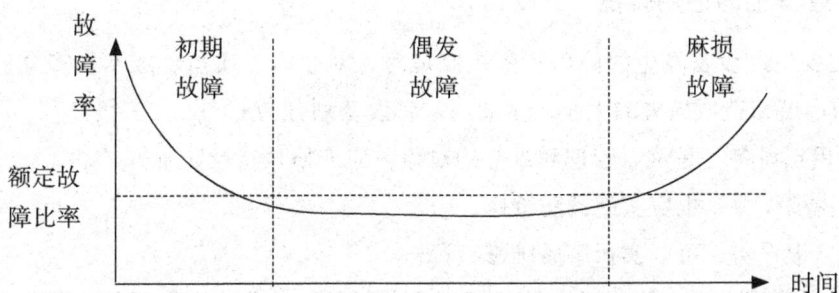

图3-2　设备生命周期的故障曲线图

预测保全是根据设备生命周期的故障曲线图对设备使用鱼骨图和巴雷特图进行的深层次分析。通过鱼骨图，可以从人、机、料、法、环境等角度分析设备过去发生故障的原因、各类故障所占的比重和造成的损失等；通过巴雷特图，可以对故障造成的损失时间进行排序，运用20/80法则找到产生故障的主要问题点，并与上一个生产周期的数据进行对比分析，制作月推移图或周推移图，发现设备可以提升的使用空间。

① 初期故障期

在这一阶段，设备虽然很新，但故障频发。这是因为新设备在初期的设计、制作和装配等环节中总会有一些不尽如人意的地方，并且操作者对新设备还比较生疏，容易产生操作上的失误。预测保全可以采取的对策有：第一，在设备进行试运转时把好每一道关，做好设备的验收工作；第二，制作设备操作说明书，对工程师和操作人员进行OJT培训（详见本书第九章内容）。

② 偶发故障期

设备在经过初期故障期后逐渐成熟，进入相对稳定的第二阶段。这一阶段的设备会偶尔发生故障，原因往往是操作者的失误。所以要求操作者不能大意，要严格地按照标准作业。

③ 磨损故障期

处于磨损故障期的设备，各部位都开始出现磨损故障。预测保全要求企业一方面应及时更换已经发生或即将发生故障的零部件；另一方面应做好对设备寿命较短的零部件的改良保养，尽量延长其使用寿命。

（3）事后保全

事后保全是指在设备出现故障后应及时维修。设备专业保全管理的重点在于预防而不在于事后修理。在进行事后保全时，一方面，需要现场的设备工程师编制完整的维修记录；另一方面，不能只把这些记录作为备查资料，而是要定期分析所有故障，组织设备管理月会，开展预测保全。

2．专业保全的适用范围

根据主要生产设备发生故障后和停机修理时，对生产、质量、成本、安全、交货期等方面影响的程度与造成损失的大小，企业通常将设备划分为A、B、C三级：

A级为重点设备，是重点管理和维修的对象，应严格执行预防维修。

B级为主要设备，也应实施预防维修。

C级为一般设备，可以实行事后维修。

人、物、费用有限，并非所有设备都需要定期保全，企业应依据其重要程度确认是否需要定期保全。专业保全的适用范围如表3-3所示。

表3-3　专业保全的适用范围

保全方法	A级设备	B级设备	C级设备
预测保全	●		
定期保全	●	●	
事后保全			●
预备品	全部易损件	重要机能部件	依据过去的故障记录选择

注："●"表示有此项设备。

1.3　专业保全的设备分级

一般来说，企业为了将有限的维修资源集中使用在对生产经营及提高经济效益起重要作用的设备上，会针对设备的重要程度，对不同的设备采用不同的管理对策与措施，这就是设备分类管理法。设备分类管理法有重点设备管理法和效果系数法两种，这里着重介绍重点设备管理法。

1．划分重点设备的依据

企业应根据自己的实际情况划分重点设备，具体划分依据可参考表3-4所示内容。

表3-4　划分重点设备的依据

序号	依据	说明
1	生产方面	关键工序的单一关键设备，负荷高的生产专用设备，出故障影响生产面大的设备，故障频繁、经常影响生产的设备，负荷高并对均衡生产影响大的设备
2	质量方面	质量关键工序无代用的设备，精加工关键设备，影响工序能力指数CP值不稳定的设备

（续表）

序号	依据	说明
3	成本方面	台时价值高的设备，消耗动能大的设备，修理停机对产量、产值影响大的设备
4	安全方面	出现故障或损坏后严重影响人身安全的设备，对环境保护和作业有严重影响的设备
5	维修性方面	修理复杂系数高的设备，备件供应困难的设备，易出故障且出故障不好修理的设备

2．划分的方法

划分重点设备的方法通常有经验判定法和分项评分法两种。

（1）经验判定法

运用经验判定法划分重点设备时，应由设备管理和设备维修部门根据日常维修积累的经验，初步选出一些发生故障后对均衡生产、产品质量和安全环保等影响大的设备，包括行业主管部门规定的多数精、大、稀、关设备，经征询生产车间、工艺部门的意见后，制定出重点设备清单，报分管设备的厂长（或总工程师）审定。在实施重点设备的管理工作中，可根据实际需要调整与补充。

（2）分项评分法

运用分项评分法划分重点设备时，企业可按照划分依据的五个方面，拟定影响内容、分值与评分标准，对每台主要生产设备进行评分，从中选出10%左右高分值的设备作为重点设备，即A级设备，并集中力量加强对此类设备进行管理，以收到较好的经济效益，B级设备、C级设备所占比例也应按企业的具体情况而定。具体评分方法和评分标准如表3-5所示。

表3-5　设备分类的评分标准

项目	影响内容	评分	评分标准
生产方面	1. 开动情况	10	三班制以上（有时有三班等）
		8	二班制
		6	一班制，但经常加班
		3	不足一班
	2. 发生故障后有无替代设备	10	车间内无代用或迂回工艺
		8	车间内有临时迂回工艺，无待用设备
		6	车间内有待用设备，但效率低
		3	车间内有待用设备

（续表）

项目	影响内容	评分	评分标准
生产方面	3. 发生故障对完成生产任务的影响	10	会影响全分厂生产任务完成
		8	会影响全车间生产任务完成
		6	会影响班组生产任务完成
		3	只影响本机台生产任务完成
质量方面	4. 机床精度对产品质量的影响	10	对产品质量有决定性影响（产品不可修复）
		8	质量关键工序
		6	对产品质量有影响（产品可返修）
		3	对产品质量有一定影响
	5. 质量的稳定性	10	需经常调修精度
		8	需每季度调整一次精度
		6	需每半年调整一次精度
		3	产品质量稳定
维修性方面	6. 故障率影响	10	平均每月发生故障在3次以上，或故障停机8台时以上
		8	平均每月发生故障在2～3次以，或故障停机6～8台时以上
		6	平均每月发生故障在1～2次以上，或故障停机4～6台时以上
		3	平均每月发生故障在1以下，或故障停机4台时以内
	7. 设备修理复杂程度	10	修理很难，停歇时间很长，修理费用特别高（FJ=15～20）
		8	修理困难，停歇时间长，修理费用高（FJ≥15）
		6	维修难度、停歇时间、修理费用都一般化
		3	易修理，修理费用低（FJ≤10）
	8. 备件情况	10	备件供应困难，市场难以购买
		8	备件储备不足，订货期长（一般指一年以上）
		6	自制或外购周期长（一般指一年以上）
		3	备件供应正常
成本方面	9. 购置价格	10	30万元以上
		8	10～30万元以上
成本方面	9. 购置价格	6	5～10万元
		3	5万元以下
安全方面	10. 设备对作业人员安全及环境污染影响的程度	10	有严重影响
		8	有较大影响
		6	有一定影响
		3	稍有影响

重点设备确定（或设备分类划分）后，不是长期不变的，它随着企业生产对象和产品计划的划分、产品工艺的改变而改变，企业应定期进行研究与调整。

第2节 专业保全推进流程

专业保全体系是在传统的设备维修保全方法和不断完善的经验的基础上形成的一套设备保全的体系。企业专业保全的推进流程可以归纳为以下六大步骤。

2.1 成立推进小组并对设备进行评价与现状把握

（1）成立以生产副总为组长、以设备管理部门为核心的推进小组，并辅以生产现场的设备人员、管理人员等。

（2）制作设备故障记录台账与维修台账，收集基础资料，用以建立改善依据。

（3）制定设备评价基准，并根据设备的重要程度与故障修复时间的长短，选定重点设备与重点部位（可根据帕累托法则，即二八原则确定），例如企业选择DT05设备与DT08设备作为重点设备，并且设定DT05设备的重点部位为动力头、DT08设备的重点部位为刀具。

（4）统计数据：统计故障次数、故障维修时间，计算当前MTBF（平均故障间隔时间）、MTTR（平均故障修理时间）等。例如，目前的MTBF为75.9分钟，MTTR为39分钟。

（5）设定目标：例如，目标为MTBF为240分钟，MTTR为25分钟。

2.2 对重点设备、重点部位进行劣化复原和弱点改善

（1）根据统计数据，推进小组对DT05的动力头偏差原因、DT08的刀具易磨损与更换时间长的原因进行分析。

（2）制定改进的方案，并根据方案制作或购买相应的备品备件，为下一步做好准备。

（3）根据方案对设备进行集中整备，复原劣化部位（目标恢复设备出厂状态），并且追根溯源，对造成设备劣化的发生源进行强制排除（可采用自主保全支援活动）。

（4）对以上改善的弱点或难点持续改善，尤其对刀具的标准化进行改善，缩短更换刀具的时间。

（5）改善后进行每日跟踪，防止重大或类似事故的发生。

（6）根据以上过程，重新统计数据，对其他重点设备、重点部位进行改善。

2.3 构筑情报管理体制

（1）建立整体设备故障数据管理系统（设备故障记录、设备维修记录、设备的MTBF和MTTR等）。

（2）构筑设备保全管理系统（设备履历管理、整备维修计划和检查计划等）。

（3）构筑设备预算管理系统（备品备件管理、国产化管理、新材料管理和信赖性管理等）。

（4）图面、资料管理等。

2.4 构筑定期保全体制

（1）定期（每2周或每月）进行保全活动（备用设备使用、备品更换、测定用具检测、润滑、图面和技术资料核对等）。

（2）制定定期保全活动体系程序与管理制度。

（3）确定对象设备、重点部位和保全计划。

（4）制定各种基准（检查基准、验收基准等）。

（5）提高定期保全的效率，确保相关人员能够做到快速判断与修理。

2.5 构筑预知保全体制

（1）培养专业技术人员对设备故障的提前预知能力。

（2）制定预知保全活动体系程序与管理制度。

（3）选定并扩大预知保全对象设备和重点部位。

（4）开发诊断设备的技术（有能力一定要实施）。

2.6 构筑计划保全系统

（1）建立计划保全制度。

（2）提高信赖性评价：故障、瞬间停止件数、MTBF等。

（3）提高保全性评价：定期保全率、预知保全率、MTTR等。

（4）降低成本评价：节俭保全费、保全费区分使用的改善。

以上即为推进专业保全的六大步骤，它的主线为基础调查→目标设定→重点分析改善→情报建立→定期监督→提前预防，最终实现专业保全习惯化、日常化机制的建立。通过实施以上六个步骤，企业的设备故障时间将大幅缩短。

第3节　设备维修实施管理

近年来，设备在不断地更新换代，技术在不断地进步，设备维修的技术含量也不断上升。现代化的设备更复杂，具有更强的系统特性，因此企业需要更先进的设备维修管理方法。

3.1　选择设备维修方式

设备状态劣化或发生故障后，为了恢复其功能和精度，企业应对设备的局部或整机进行检查并选择合适的维修方式，以使其恢复到正常的工作状态。

1. 设备故障原因分析

在使用过程中，随着零部件磨损程度的逐渐增大，设备的技术状态将逐渐劣化，以致设备在功能和精度上都难以满足产品的质量和产量要求。造成设备需要维修的原因很多，具体如图3-4所示。

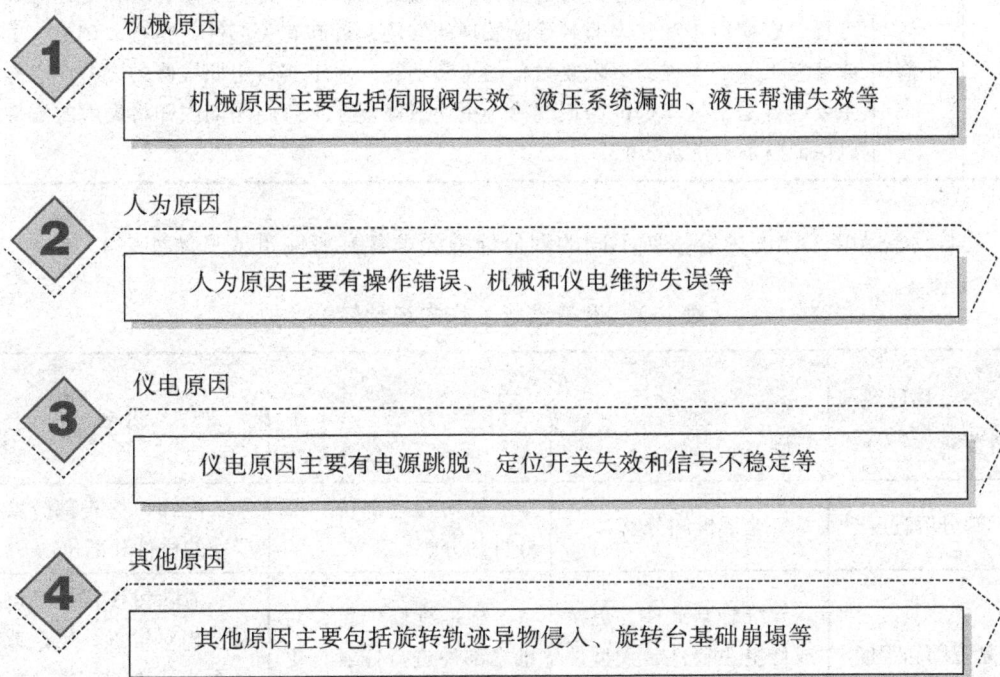

1 机械原因

机械原因主要包括伺服阀失效、液压系统漏油、液压帮浦失效等

2 人为原因

人为原因主要有操作错误、机械和仪电维护失误等

3 仪电原因

仪电原因主要有电源跳脱、定位开关失效和信号不稳定等

4 其他原因

其他原因主要包括旋转轨迹异物侵入、旋转台基础崩塌等

图3-4　设备需要维修的原因

2. 设备维修的类别

根据维修内容、技术要求以及工作量的大小，可以将设备维修工作划分为大修、项修和小修三类，具体如表3-6所示。

表3-6　设备维修的类别

序号	类别	具体说明
1	大修	设备大修的工作量很大。大修时，要对设备的全部或大部分部件解体；修复基准件，更换或修复全部不合格的零件；修复和调整设备的电气及液、气动系统；修复设备的附件以及翻新外观等，从而达到全面消除修前存在的缺陷、恢复设备规定功能和精度的目的
2	项修	项修是根据设备的实际情况，对状态劣化、已难以达到生产工艺要求的部件进行有针对性的维修。项修时，一般要拆卸、检查、更换或修复部分失效的零件，必要时，需要对基准件进行局部维修和调整精度，从而恢复所修部分的精度和性能。 项目维修具有安排灵活、针对性强、停机时间短、维修费用低、能及时配合生产需要、避免过剩维修等特点。对于大型设备、组合机床、流水线或单一关键设备，企业可根据在日常检查、监测中发现的问题，利用生产间隙时间（节假日）安排项修，从而保证生产的正常进行
3	小修	小修的工作量最小。对于实行状态监测维修的设备，小修的内容是针对日常点检、定期检查和状态监测诊断发现的问题，拆卸有关部件，检查、调整、更换或修复失效的零件，以恢复设备的正常功能；对于实行定期维修的设备，小修的主要内容是根据掌握的磨损规律，更换或修复在维修间隔期内即将失效的零件，以保证设备的正常功能

三类设备维修工作的内容按照不同的划分标准要求各有所侧重，具体如表3-7所示。

表3-7　设备维修工作内容比较表

标准要求＼修理类别	大修	项修	小修
拆卸分解程度	全部拆卸分解	针对检查部位，部分拆卸分解	拆卸、检查部分磨损严重的机件和部位
修复范围和程度	维修基准件，更换或修复主要件、大型件及所有不合格零件	根据维修项目，对维修部件进行修复，更换不合格零件	清除污秽积垢，调整零件相对位置，更换或修复不能使用的零件，修复达不到完好程度的部位

（续表）

标准要求 \ 修理类别	大修	项修	小修
刮研程度	加工和刮研全部滑动接合面	根据维修项目决定刮研部位	必要时局部修刮，填补划痕
精度要求	按大修精度及通用技术标准检查验收	按预定要求验收	按设备完好标准要求验收
表面修饰要求	全部外表面刮腻子、打光、喷漆，手柄等零部件重新电镀	补漆或不进行	不进行

3.2 维修实施阶段管理

设备的维修必须依照各类维修计划进行，企业应做好维修的准备、实施和验收三个阶段的管理工作。

1. 维修前准备工作

（1）划出维修区域

维修之前，企业应划出专门的维修区域供维修工作使用。

（2）粘贴维修标志

维修人员应当在需维修的设备上贴上"修理中""禁止运行"等标志，以示区分。

（3）调查设备技术状态和产品技术要求

为了全面、深入地掌握需修设备技术状态的具体劣化情况和修后设备加工产品的技术要求，设备管理部门负责设备维修的技术人员应会同设备使用单位的机械动力师和施工单位维修技术人员共同进行维修前的预检。

2. 实施维修

在确定的时间内，维修人员依据维修技术任务书、维修工艺规程进行设备维修。维修过程中，维修设备如需与外界隔离，可以用带老虎线的栏杆隔开。

3. 验收检查

设备维修完毕后，经空运转试验和几何精度检验自检合格后，维修单位应通知企业设备管理部门操作人员、机械动力师和质量检查人员共同参加设备维修后的整体质量验收工作。设备大修、项修竣工验收应依相应程序进行，具体如表3-8所示。

表3-8 设备大修、项修竣工验收程序表

检验内容	检验依据	检验人员	记录
空运转试车检验	空运转试车标准	修理单位相关人员	空运转试车记录
		质量检查员、主修技术人员	
		设备操作人员	
		设备管理部门	
负荷试车检验	负荷试车标准	修理单位相关人员	负荷试车记录
		质量检查员、主修技术人员	
		设备操作人员	
		设备管理部门	
精度检验	几何工作精度标准	修理单位相关人员	精度检验记录
		质量检查员、主修技术人员	
		设备操作人员	
		设备管理部门	
竣工验收	修理任务书及检验记录	修理单位相关人员	修理竣工报告单
		质量检查员、主修技术人员	
		车间机械员、设备操作人员	
		设备管理部门	

按规定标准，在空运转试车、负荷试车及几何工作精度检验均合格后，方可办理竣工验收手续。验收工作由企业设备管理部门主持，由维修单位填写"设备大修、项修竣工报告单"（如表3-11所示），一式三份，随附设备维修技术文件和试车检验记录。参加验收的人员要认真查阅维修技术文件和维修检验记录，并互相交换对维修质量的评价意见。

在设备管理部门、使用部门和质量检验部门的代表一致确认已完成维修技术任务书规定的维修内容，并达到规定的质量标准和技术条件后，各方人员在"设备大修、项修竣工报告单"上签字验收，并在评价栏内填写验收单位的综合评价意见。

验收时，如有个别遗留问题，在不影响设备正常使用的情况下，须在"设备大修、项修竣工报告单"上写明经各方商定的处理办法，由维修单位限期解决。

4. 做好维修记录

设备维修时，维修人员应做好相应的维修记录，具体如表3-9所示。

表3-9　设备维修记录表

使用单位：　　　　　　　　　维修日期：　　　　　　　　　检验日期：

设备名称：		设备编号：		型号规格：
序号	维修内容	维修结果	维修人员	检验人员

　　维修人员在设备的大修、项修完成后，要填写"设备大修、项修完成情况明细表"（如表3-10所示）和"设备大修、项修竣工报告单"（如表3-11所示）。

表3-10　设备大修、项修完成情况明细表

序号	工作令号	资产编号	设备名称	规格型号	制造厂	出厂日期	使用部门	复杂系数		修理性		计划进度（季）				计划修理费用/元		实际修理费用/元		实际开工时间月、日	实际完成时间
								机	电	大修	项修	一	二	三	四	机	电	机	电		

表3-11 设备大修、项修竣工报告单

维修日期：   验收日期：
填报人：   填报日期：

设备编号		设备名称		设备型号：
序号	维修项目	维修记录	试运行状况	维修人员
验收单位意见	设备使用部门			
	设备管理部门			
	质量检验部门			
工程评价栏				

学 习 笔 记

通过学习本章内容，想必您已经有了不少学习心得，请仔细填写下来，以便继续巩固学习。

另外，请填写运用计划，以使工作与学习相结合。

如果您在学习中遇到了一些难点，也请如实写下来，以方便今后在学习中彻底解决这些难点。

我的学习心得：

1. _____
2. _____
3. _____

我的运用计划：

1. _____
2. _____
3. _____

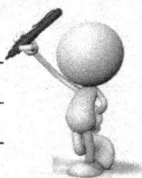

我的学习难点：

1. _____
2. _____
3. _____

第 4 章

个别改善

········· 关键指引 ········

根据木桶原理，企业若能够迅速找到自己的"短板"，并给予精益化改善，既能够用最小的投入产生最大的效果，又可以改善现状。个别改善就是指为追求设备效率的最大化，最大限度地发挥出设备的性能，而采取的消除影响设备效率的损耗、引起设备综合效率下降的损耗的具体活动。

第1节　个别改善的内容

个别改善是企业根据设备的不同状况，例如设备的利用状况、性能开动率、合格率和生命周期等，对设备进行得个体化维护和改善，使企业设备的总体利用率达到最高。

1.1　个别改善的目标

个别改善是TPM活动的重要环节，它通过开展效率化活动追求生产效率的最大化，简单地说就是通过彻底消除设备的损耗，从而提高参与人员的技术、改善等能力。

企业通过个别改善能实现的目标一般主要有以下几个，具体如图4-1所示。

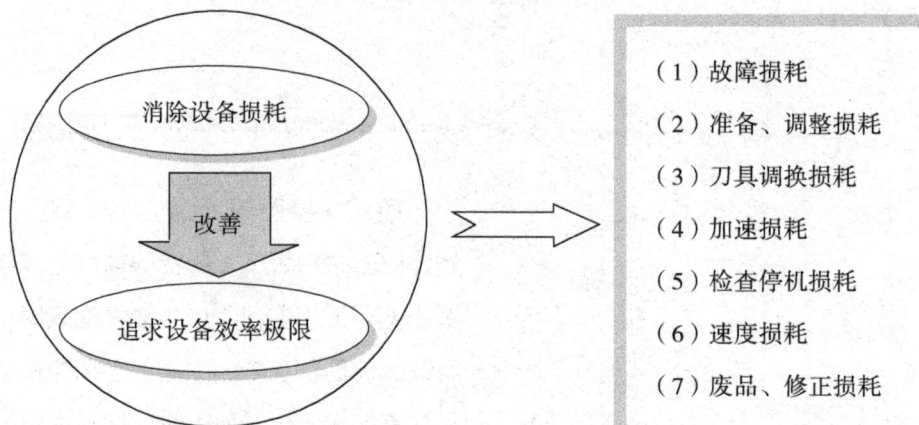

图4-1　个别改善的目标

1．追求设备效率的最大化

设备的效率是有限的，企业应考虑如何最高效地使用设备。

2．消除设备损耗

企业必须思考设备的损耗是什么，损耗的构成是什么。

3．改善活动

提高设备效率的活动即为个别改善活动，而其他动作和行为不能称之为个别改善。

1.2　设备运行的七大损耗

要想使设备达到最高效率，就必须使设备发挥其所具备的功能和性能，提高其工作效率，这就要求企业要尽可能地消除阻碍效率的损耗。一般来说，机械加工企业的设备损耗大致可分为以下七种损耗。

1．故障损耗

故障可分为功能停止型故障和功能下降型故障两大类。无论是哪一类故障，故障损耗都是阻碍设备效率化的最大原因。

2．准备、调整损耗

设备从生产前一个产品，然后中止，到生产出下一个产品为止，这其中的准备、调整阶段的停机就是准备、调整损耗。

3．刀具调换损耗

因刀具寿命而调换刀具的时间，刀具折损引起的报废、修整时间，均称为刀具损耗。

4．加速损耗

加速损耗就是从开始生产到生产稳定所消耗的时间。由于加工条件的不稳定性、夹具和模具的不完备、试切削损耗、作业人员的技术水平等因素，其发生量不同。

5．检查停机损耗

检查停机指因暂时的小故障而停止设备或设备处于空转状态。例如传感器因某种原因引起误动作，一旦使之复位，设备就能够恢复正常工作。

6．速度损耗

所谓速度损耗就是指实际运行速度比设备的设计速度慢。

7．废品和次品修正损耗

废品和次品修正损耗是指因废品和次品修正引起的损耗。废品固然是损耗，而次品由于要修正也需花费许多不必要的人力、物力，因此也是一项不可忽视的损耗。

以上七大损耗是影响设备效率的主要因素。因此，消除这些损耗是提高设备效率的工作重点。

1.3 设备综合效率的计算

通过对设备损耗的计算，就可以对设备的综合效率有一个了解，同时还可以为消除损耗提供方向性指导。

1．设备的时间工作率

时间工作率就是指设备实际工作时间与负载时间（必须是设备的工作时间）的比率，计算公式如下：

$$设备时间工作率＝实际工作时间 \div 负载时间 \times 100\%$$

负载时间是指1天（或者1个月）的操作时间在减去生产计划上的暂停时间、计划保养上的暂停时间和日常管理需要去除的时间后所剩余的时间。

2．设备的性能工作率

$$性能工作率＝速度工作率 \times 净工作率 \times 100\%$$

其中，速度工作率就是设备实际的工作速度与其固有能力下的工作速度的比率。了解了速度工作率下降的程度，就可以知道设备速度下降损耗的程度。

净工作率表示设备是否在单位时间内按一定的速度工作，它并不是说明设备的工作速度对比基准速度是快了还是慢了，而是说明即使用较慢的速度，设备是否能够长时间地按这一速度稳定地工作。通过净工作率的计算，可以反映出检查停机等小故障产生的损耗。

综上，设备综合效率的计算公式如下：

$$设备综合效率＝时间工作率×性能工作率×正品率×100\%$$

1.4 设备损失结构分析

设备的综合效率注重评价设备当前工作效率的达成度，主要衡量指标包括时间工作率、性能工作率和正品率。时间工作率、性能工作率和正品率由每一工作中心决定，但每个因素的重要性因产品、设备和生产系统的特征不同而异。例如，若机器故障率很高，那么时间工作率会很低；若设备的短暂停机很多，则性能工作率就会很低。因此，只有三者数值都很大时，设备综合效率才会提高。

影响设备综合效率的主要原因是停机损失、速度损失和废品损失，它们分别由时间开动率、性能开动率和合格品率决定，故得到以下的设备综合效率公式。

$$设备综合效率＝时间开动率×性能开动率×合格品率$$

$$时间开动率＝工作时间÷负荷时间×100\%$$

这里的负荷时间为规定的作业时间减去每天的停机时间，即：负荷时间＝总工作时间－计划停机时间；工作时间则是负荷时间减去那些非计划停机时间，例如故障停机、设备调整和更换刀具、工夹具停机等。

如何提高设备综合效率？只有一个方法，那就是提高设备的时间工作率和性能工作率、正品率。所以，企业的任务就是要找出降低设备综合效率的因素，并加以改善。

1. 提高时间工作率

影响设备时间工作率低下的因素主要有故障、更换产品、设备调整、刀具交换和试加工。

（1）如果是故障问题，只有从设备保养上入手。

（2）如果是更换产品，只有从生产计划上入手。

（3）如果是设备调整，只有从积累日常经验入手。

（4）如果是刀具交换，只有从生产计划上入手。

（5）如果是试加工，则无法避免，属于正常的时间损耗。

2. 提高性能工作率

$$性能工作率＝速度工作率×净工作率×100\%$$

（1）提高速度工作率

要想提高设备的速度工作率，保持设备的工作速度，只有从设备的日常维护工作入手。

（2）提高净工作率

净工作率表示设备是否在单位时间内按一定的速度工作。要想提高设备的净工作率，也就是降低设备停机的概率，也只有从设备日常维护工作入手。

3．提高正品率

提高正品率，也就是提高产品的质量，需要从产品设计、原材料、过程控制等多方面入手。

第2节　设备故障分析方法

设备故障一般是由设备在使用过程中丧失或降低其规定功能而导致。分析设备故障要从不同的角度进行。一般来说，设备故障分析方法有以下几种，具体如图4-2所示。

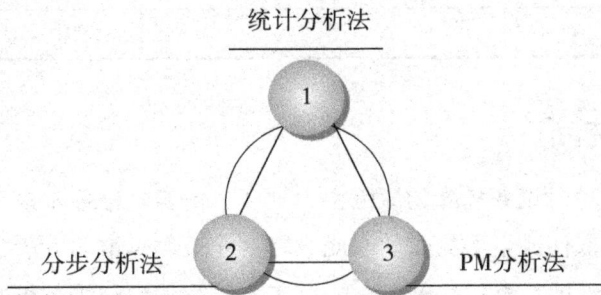

图4-2　设备故障分析方法

2.1　统计分析法

统计分析法是通过统计某一设备或同类设备的零部件（如活塞、填料等）因某方面技术问题（如腐蚀、强度等）所发生的故障占该设备或该类设备各种故障的百分比，从而分析设备故障发生的主要原因，为修理和经营决策提供依据的一种故障分析法。

以腐蚀为例。据统计，我国每年由于腐蚀造成的损失占国民经济总产值的5％左右；在设备故障中，腐蚀故障约占设备故障的一半以上。国外专业机构对腐蚀故障作了具体分析，得出的结论是：随着工业技术的发展，腐蚀形式也发生了变化，不仅仅是因壁厚减薄或表面形成的局部腐蚀，而且还有以裂纹、微裂纹等形式出现的腐蚀。表4-1是某公司对各种形式腐蚀故障的统计分析资料。

表4-1　××实业有限公司设备腐蚀故障分析表

腐蚀占比	一般形式腐蚀	裂纹（应力腐蚀和疲劳腐蚀）	晶间腐蚀	局部腐蚀	点蚀	汽蚀	浸蚀	其他
%	31	23.4	10.2	7.4	15.7	1.1	0.5	8.5

腐蚀形式	占比（%）	腐蚀形式	占比（%）
应力腐蚀	45.6	疲劳腐蚀	8.5
点蚀	21.8	氢脆	3.0
均匀腐蚀	8.5	其他	8.0
晶间腐蚀	4.9		

腐蚀形式	1963～1968年（%）	1969～1973年（%）
均匀腐蚀	22	21
局部腐蚀	22	22
应力腐蚀和疲劳腐蚀	48	51
脆性破坏	3	6
其他	5	5

2.2　分步分析法

分步分析法是一种对设备故障的原因由大到小、由粗到细逐步进行分析，最终找出故障频率最高的设备零部件或主要故障的形成原因，并采取对策的方法，它对分析大型设备故障的主要原因很有帮助。范本4-01是××化工有限公司用分步分析法对合成氨厂设备停车原因作出的分析，供读者参考。

【范本4-01】××化工有限公司停车分步分析法

....

××化工有限公司停车分步分析法

第一步：统计停车时间和停车次数

首先对××化工有限公司近四年来停车的时间和次数进行统计，结果如下表所示：

停车时间和停车次数

年份 天数	2007～2008年	2008～2009年	2009～2010年	2010～2011年
平均停车天数（天）	50	45.5	49	50
平均停车次数（次）	9.5	8.5	10.5	11

注：本案例略去原始数据。

第二步：分析停车原因

经过对相关数据的分析，确定该工厂的停车原因如下表所示：

停车原因

单位：次

年份 事故分类	2007～2008年	2008～2009年	2009～2010年	2010～2011年
仪表事故	1	2	1.5	1.5
电器事故	1	0.5	1	1
主要设备的事故	5.5	5	6	6
大修	1	0.5	0.5	0.5
其他	5	0.5	1.5	2
总数	13.5	8.5	10.5	11

由上表可知，在每两次停车中，就有一次是由主要设备的事故引起的。

第三步：分析停车次数最多的主要设备事故

接下来，对停车次数最多的主要设备事故进行分析，得出分析结果，如下表所示：

停车次数最多的主要设备事故占比

单位：%

年份 主要设备名称	2007～2008年	2008～2009年	2009～2010年	2010～2011年
废热锅炉	21	10	–	8
炉管、上升管和集气管	19	17	19	13
合成气压缩机	13	16	16	25
换热器	10	9	8	11
输气总管	6	–	6	7
对流段盘管	5	–	–	–
合成塔	–	8	–	–
管道、阀门和法兰	–	–	5	11
空压机	–	11	9	–

分析上表可知：

（1）合成气压缩机停车次数所占比例较高，在2010~2011年的统计中，高达25%。

63

因为离心式合成气压缩机的运行条件苛刻，转速高、压力高、功率大、系统复杂，因振动较大，引起压缩机止推环、叶片、压缩机密封部件及增速机轴承损坏等故障出现。

（2）上升管和集气管的泄漏占较大的百分比（13%～19%）。

（3）管道、法兰和阀门的故障占5%～11%，也比较高。

通过以上分析，发生故障的主要部位就比较清楚了。因而可以采取不同的对策来处理各种类型的故障。

2.3 PM分析法

PM分析法是使设备慢性不良或慢性故障等慢性损失降为"零"的想法和作法。PM分析并非是万能的，也并非所有的设备都能够达到"零损失（故障）"。

在所有的慢性损失中，由单一原因引起的占95%～97%，由复数原因引起的占3%～5%。要解决由于复数原因而产生的慢性损失问题，可以采用PM分析法，具体实施步骤如图4-3所示。

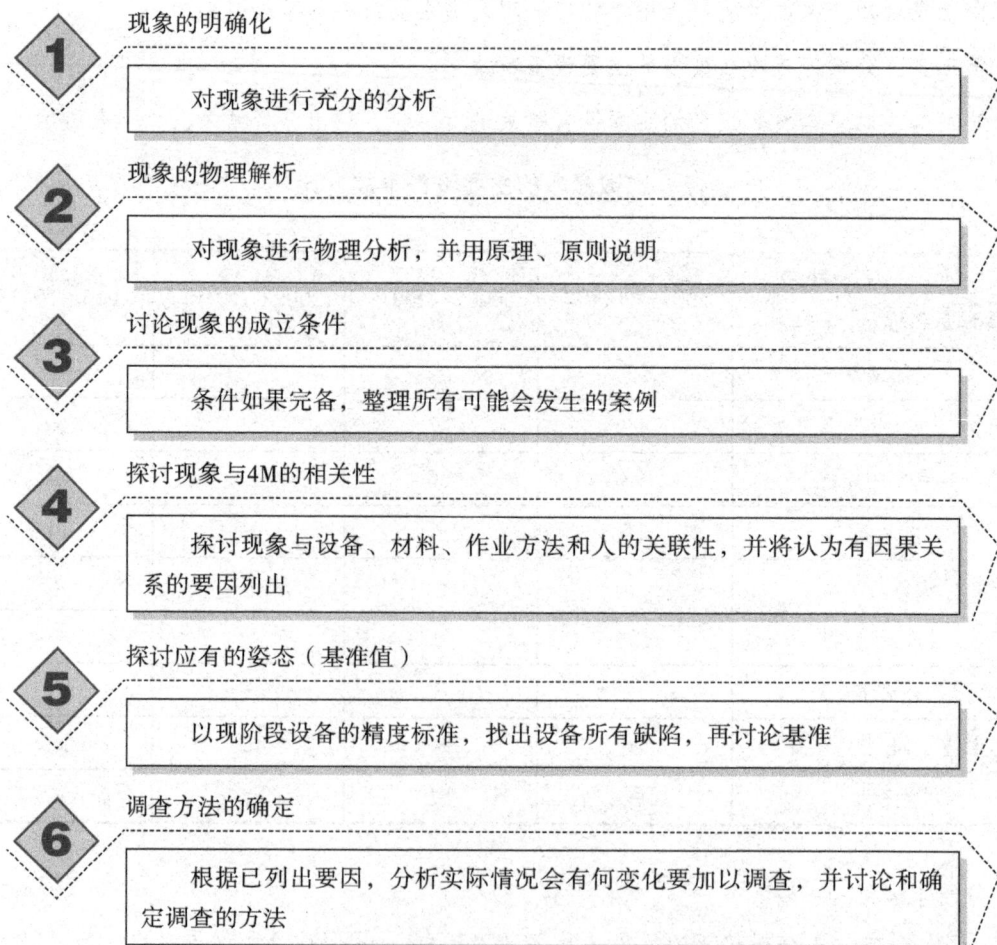

1 现象的明确化

对现象进行充分的分析

2 现象的物理解析

对现象进行物理分析，并用原理、原则说明

3 讨论现象的成立条件

条件如果完备，整理所有可能会发生的案例

4 探讨现象与4M的相关性

探讨现象与设备、材料、作业方法和人的关联性，并将认为有因果关系的要因列出

5 探讨应有的姿态（基准值）

以现阶段设备的精度标准，找出设备所有缺陷，再讨论基准

6 调查方法的确定

根据已列出要因，分析实际情况会有何变化要加以调查，并讨论和确定调查的方法

7 指出不正常的部位

依实际调查的结果，列举出应有状态之外的微缺陷及其他不正常现象

8 实施复原、改善以及维持管理

针对各项不正常，实施复原、改善以及维持管理，以减少工时

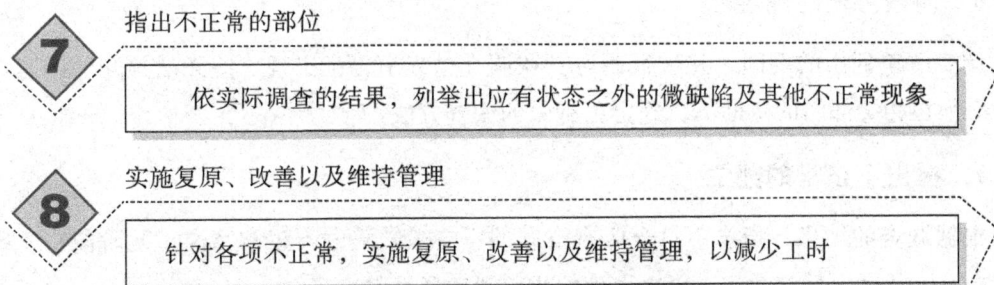

图4-3 PM分析法实施步骤

1．现象的明确化

现象的明确化，就是指要明确现象的出现方式、状态、发生部位等。通过亲眼观察并把握好这些事实，可以避免因推测而引起的错误。

2．现象的物理解析

用物理的观点解析现象，从原理的角度对现象进行说明。能对现象进行物理说明，就没有必要使用复杂的文章。

3．讨论现象的成立条件

所谓成立条件，不是固有的成见、经验、观察和感觉，而是所有导致现象出现的情况。"成立的条件"可以分为。

（1）设备和装置的精度。

（2）标准类的水平。

（3）人的水平。

（4）材料和工程品质水平。

4．探讨现象与4M的相关性

与4M（Machine设备、Material材料、Method方法、Man人）相关性的探讨，主要是指从4M的角度探讨现象的成立条件，并将所有有关系的主要因素全部列出。

5．探讨应有的姿态（基准值）

在前面的步骤中，从现象的明确化到物理解析，已经将与不良现象有关的主要因素列出了清单。这个步骤将对判定这些因素正常还是异常的基准进行研讨，一般从对现阶段设备管理工序的标准和基准进行调查开始。如果某设备没有判定基准的话，就必须根据设备的工作原理、机械原理以及设备构造等因素为其设定判定基准。

6．调查方法的确定

调查清单列出的要因，并进行研讨。在调查过程中，会出现一些无法预知的问题。因此，必须在相关部门的协助下，确定更有效的调查方法。

7．提出不正常的部位

根据调查的结果，指出不符合应有姿态的、有微缺陷的不正常情况。此阶段中，要充分解析发生原因，并与为防止再次发生的改善活动联系起来。

8．实施复原、改善以及维持管理

对不同的不良现象实施复原和改善，并切实进行维持管理，减少所需的工时。慢性不良大多起因于复数因素，如果只对那些给结果带来较大影响的项目进行复元和改善，往往得不到满意的结果，所以，要对引发不良状态的所有主要因素进行复元和改善。

要点提示

　　PM分析法主要运用物理方法对引发设备故障的各种不良现象进行分析，并从原理、原则的角度列出所有的因素，不管其贡献率多少，全部进行调查，若发现缺陷就处理。

第3节　个别改善的步骤

企业要想推行个别改善，就应先选定示范设备，然后将技术人员、保养人员、现场管理者等相关人员组成项目小组，以实际行动进行个别改善，并将实绩与成果展现出来。具体实施步骤如下。

3.1　建立模范单位

为了实施个别改善，企业可以先选择一个模范单位，集中力量对这个单位进行改善，使之达到一个较理想的水平，从而让全体人员从模范单位所取得的改善成果中认识到推行个别改善的意义以及自己与模范单位之间存在的差距。

1. 选择模范单位的必要性

（1）使全面推行个别改善更加简单、有效

对一些规模比较大的企业来说，由于车间、分厂分布在不同的地点，各部门的职责不尽相同，对推行个别改善的认识也有一定的差异。在这种情况下，要所有部门协调一致地开展个别改善活动，在操作上有一定的难度。因此，企业可以先指定某个部门作为模范单位开展个别改善活动，待模范单位取得成效后，让其他部门观摩学习，以提升他们对个别改善活动的认知，增强其参与的主动性。这样，全面推行个别改善就会变得简单、有效。

（2）激活员工参与改善的热情

企业可以选择设备问题最多、TPM工作开展迟缓的车间作为模范单位，集中优势兵力帮助这个车间推进个别改善。当这个车间的设备故障减少、设备利用率提高的时候，就可以因势利导地在所有车间推进个别改善活动，帮助员工消除疑虑，激发他们对个别改善的热情。

2. 模范单位的选择原则

选择模范单位进行个别改善的目的就是要在企业内部找到一个突破口，并为大家设定一个可以借鉴的样板。为了达到这样一个目的，在选择个别改善模范单位的时候，企业应注意以下事项：

（1）选择设备较多、改善难度大的车间作为模范单位

如果选择一个硬件条件好（例如新厂房、新设备等）的车间或部门，短期的个别改善很难呈现令人信服的成果。相反，如果选择一个设备较多、改善难度大的车间或部门，通过短期集中的个别改善，使管理现场得到根本的改变，特别是一些设备的效率突然得到提升，将对管理人员产生巨大心理作用，使模范单位真正发挥模范作用。

（2）选择具有代表性的车间作为模范单位

在选择个别改善模范单位时，还应考虑所选择的模范单位应具有一定的代表性，现场中所存在的问题具有普遍性。只有这样，改善的效果才有说服力，才能被大多数员工认同和接受，不然很难达到预期的效果，也很难给其他部门提供示范和参考作用。一般情况下，机械加工车间是企业的首选。

（3）所选择的模范单位的责任人的改善意识要强

要想模范单位的个别改善活动在短期内见效，选择改善意识比较强的负责人尤为重要。否则，再好的愿望都有可能会落空。

3. 建立个别改善模范单位的主要步骤

建立个别改善模范单位的主要步骤包括指定模范单位、制订活动总计划、模范单位人员的培训与动员、记录并分类整理模范单位问题点、制订个别改善的具体计划和进行个别

改善成果的总结与展示，每个步骤都有其特定的工作内容，具体如表4-2所示。需要特别注意的是，个别改善模范单位的改善活动必须是快速而有效的。

表4-2　建立个别改善模范单位的步骤

序号	步骤	具体内容
1	确定模范单位（小组）	根据具体情况（现状和负责人对活动的认识）确定样板区
2	制订活动总计划	制订一个1~3个月的短期活动计划
3	模范单位人员培训和动员	对主要管理人员进行培训，帮助他们学会如何发现问题；对模范单位全员进行活动动员和知识培训
4	记录模范单位的问题并分类改善	记录所有设备问题点（以照片等形式） 分类改善： （1）设备停机分析； （2）设备换刀分析； （3）设备故障原因查找
5	制订个别改善的具体计划	提出改善方法，例如对于故障问题，可以通过何种维护方式延长设备寿命
6	进行个别改善活动成果的总结和展示	以数据等形式展示个别改善后的状况，尤其是要将具有典型意义的事例展示出来，或者对改善前后的设备数据进行整理和对照，并对活动进行总结和报告

3.2　具体实施步骤

1. 成立项目小组

如何成立项目小组？管理者可以根据企业的实际情况来确定。

例如，某公司在TPM推进室设立了一名专职干事，专门负责项目管理；部门责任由部门经理承担，并由其授权项目组长具体负责项目的推进和实施；项目组长不一定是专职，实际上通常是兼职的；每个部门在半年内必须至少申报两个设备需要改进的课题，每周都要针对每个课题的实施状况进行报告；每半年举行一次全公司的个别改善报告大会。小组各成员职责如图4-4所示。

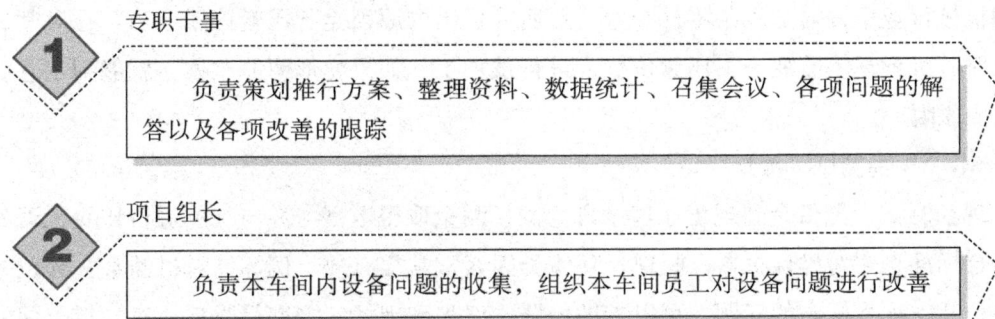

1 专职干事

负责策划推行方案、整理资料、数据统计、召集会议、各项问题的解答以及各项改善的跟踪

2 项目组长

负责本车间内设备问题的收集，组织本车间员工对设备问题进行改善

图4-4 小组各成员职责

2．掌握现状损失

现状损失的掌握是个别改善活动的重要环节。在项目开展之前，项目小组应进行现状损失调查，并进行详细记录，这样获得的数据才是有说服力的，能够真正描述问题，也能真正把握问题。

3．确定主要原因

确定现状损失的主要原因可按以下三个步骤进行。

（1）把因果图、系统图或关联图中的末端因素收集起来。因为末端因素是问题的根源，所以主要原因要在末端因素中选取。

（2）确认在末端因素中是否有不可抗拒的因素。所谓不可抗拒因素是指小组乃至企业都无法采取对策的因素。例如"拉闸停电"对某问题造成影响，但这是供电部门由于城市供电能力不足而采取的分片拉闸限电措施，小组无法采取对策，属于不可抗拒因素，所以要将其剔除，不作为确定主要原因的因素。

（3）对末端因素进行逐条确认，以找出真正影响问题的主要原因。确认就是要找出影响该问题的证据，这些证据要以客观事实为依据，用数据说话。数据表明该因素确实对问题有重要影响，就"承认"它是主要原因；如数据表明该因素对问题影响不大，就"不承认"该因素为主要原因，并予以排除。

对于个别因素，一次调查得到的数据尚不能充分判定时，就要再调查、再确认。如还不能充分证明时，还要做进一步的检查，取得进一步的证据，以作最后确诊。

4．选择确认主要原因的方法

确认现状损失主要原因的常用方法有以下几种：

（1）现场验证

现场验证是到现场通过试验取得数据来证明，它对确认方法类因素常常很有效。例如某一个参数设定不合适，在对其影响因素进行确认时，就需要到现场做一些试验。通过变动一下该参数，观察结果有无明显的差异，来确定它是不是真正影响问题的主要原因。又例如机械行业中针对加工某零件产生变形所分析出的原因是"压紧位置不当"，对其进行确认时，可到现场改变一下压紧位置，进行试加工。如果变形明显改善，就能判定它确实是主要原因。

（2）现场测试、测量

现场测试、测量是到现场通过亲自测试、测量取得数据，并与标准进行比较，看其是否符合标准，它对确认机器、材料、环境类因素常常很有效。例如针对机器某一部位的精度差、某一项指标高的问题，可以借助仪器、仪表到现场实测取得数据；对材料方面的因素可到现场抽取一定数量的实物作为样本进行测试，取得数据。

（3）调查、分析

对于有些不能用试验或测量的方法来取得数据的人为因素，则可以通过设计调查表，到现场进行调查、分析并取得数据来确认。

总之，确认必须要小组成员亲自到现场，通过观察、调查、测量、试验取得的数据才可以作为确定主要原因的依据。只凭印象、感觉、经验，例如采用举手表决、01打分法、按重要度评分法等来确认，均不可取。

另外，在确认每条末端原因是否为主要原因时，应根据它对所分析问题的影响程度的大小来确定，而不是根据它是否容易解决来确定。末端因素要逐条确认，不逐条确认，就有可能把本来是主要原因的因素漏掉。确定主要原因为制订改善计划提供了依据，因此确认做得好，就可以为制订计划打下好的基础。

5．制定小组目标

改善应设定合适的目标。在制定目标时，管理者必须坚持以下两个原则。

（1）目标可以量化；

（2）目标必须实际。

6．改善对策实施计划

找到了导致设备效率低下的原因后，管理者要针对具体问题分门别类地研究对策。在制订计划时，要明确每个问题具体由谁负责，以及完成时间、实施地点、具体措施等内容，并在对策实施计划表中体现出来。"设备个别改善对策实施计划表"如表4-3所示。

表4-3　设备个别改善对策实施计划表

设备名称：冲压车床

故障原因	发生部位	改善方法	责任人完成	开始时间	完成时间	备注
缺少基本的条件	检测器					
	驱动					

（续表）

故障原因	发生部位	改善方法	责任人完成	开始时间	完成时间	备注
淬火的放置	润滑					
	连接					
	空压					
	调刃具					
功能不足	电力					
使用条件违反	电场					
淬火的放置	电场					
	驱动					
设计上的弱点	油压	非保全生产技术而无法防止				
功能不足	润滑					
	电力、空压					
缺少基本的使用条件	检测器、调刃具					

7. 评估效果和效益

制定对策并实施以后，要对改善效果进行确认，例如查看设备效率是否得到提高、设备故障是否减少，如果这些目标都实现了，则说明改善策略是有效的。一般来说，效果和效益的确认要从有形效果和无形效果两方面评估。

（1）评估有形效果

有形效果是指可以用数据来衡量的效果。有形效果首先要考查的是设备利用率是否得到提高、生产效率是否得到提高，可以通过如表4-4所示的"有形效果评估表"体现。

表4-4　有形效果评估表

项目	目标	改善前	改善后	备注
生产率（%）	93	85	93	OK
设备利用率（%）	86	80	90	OK

（2）无形效果的评估

改善如果只用有形效果进行评估是不全面的，无形效果也具有很大意义。例如，经过攻关后，设备运行良好，整条工艺线运行平稳，没有造成质量等其他方面的损失，满足了工艺标准要求，而对于整个团队来说，员工也在团队精神、质量意识、工具运用、工作的热情干劲等方面得到了全面的提升。

8．总结

总结就是要对个别改善活动的不足、下一步还要做什么等内容进行概括，可以通过编制一份如表4-5所示的"个别改善总结报告"体现。

表4-5　个别改善总结报告

改善项目：

改善时间：　　　　　　　　　　　　　　　　参与改善的人员：

改善前状况		改善后状况	
改善过程描述：			
改善感言：			
改善总结：			
审核		制表	

学习笔记

　　通过学习本章内容，想必您已经有了不少学习心得，请仔细填写下来，以便继续巩固学习。

　　另外，请填写运用计划，以使工作与学习相结合。

　　如果您在学习中遇到了一些难点，也请如实写下来，以方便今后在学习中彻底解决这些难点。

我的学习心得：

1. _____
2. _____
3. _____

我的运用计划：

1. _____
2. _____
3. _____

我的学习难点：

1. _____
2. _____
3. _____

第5章

品质改善

生产现场的自动化促使生产主体由人转移至设备，因此，设备状态的优劣对确保产品品质产生了重要作用。品质保养就是指为了保持完美的产品品质（100%良品），就要保持设备的完美状态。从设备的管理层面来探讨产品的品质问题，是品质保养活动的前提，也是TPM活动八大支柱的重要环节。

第1节　设备三级保养

各类设备能否在其生命周期内良好地运转，除了取决于其是否被合理使用外，在很大程度上还取决于设备维护和保养的情况。如果维护保养工作做得扎实，就能减少修理的次数和工作量。

1.1　设备保养的重点

1. 设备保养的内容

设备保养的主要目的是使设备保持整齐、清洁、润滑和安全，其工作重点是润滑、防腐、防泄漏与防损伤，以保证设备的使用性能并延长修理间隔期。

（1）润滑管理

做好设备的润滑管理，认真执行润滑"五定"（定点、定质、定量、定期、定人），能够有效地减少摩擦阻力和磨损，保护设备的金属表面，使之不锈蚀、不损伤。这是保证设备正常运转，延长其使用寿命，提高其工作效率和工作精度的必要措施。

（2）防腐蚀

腐蚀会引起设备工作效率和使用寿命的降低，影响设备安全运行，甚至会引发设备事故。因此，企业必须做好防腐蚀工作，例如将暂时不用的设备用保护物品遮蔽起来。

（3）防泄漏

防泄漏也是设备保养工作的重要内容之一。企业应认真治理设备出现的跑风、冒气、滴水、漏油等现象，防止出现故障和事故。

（4）防损伤

设备一旦遭到损伤，往往容易导致故障，因此企业应当采取各种措施防止设备遭损伤，例如为设备设置防护装置等。

2．关键设备的维护

企业应对生产中的关键设备实行"特护"。"特护"就是对设备进行特级维护，是将生产流程中起关键作用的一台或几台设备按工艺流程划分为一个单元，由操作人员、维护人员、专检人员等组成特护小组，在对特护设备实行"三包"（包运行、包保养、包维修）的基础上，通过对设备进行"检查—处理—改善"的反复循环，使关键设备的运行始终处于最佳状态，从而取得系统的高效益。

与此同时，还有一些企业把"特护"与"三检"结合起来，组成"三检""特护"管理体系。

（1）操作人员

操作人员定时巡检，建立现场设备横向检查维护管理体系，具体如图5-1所示。

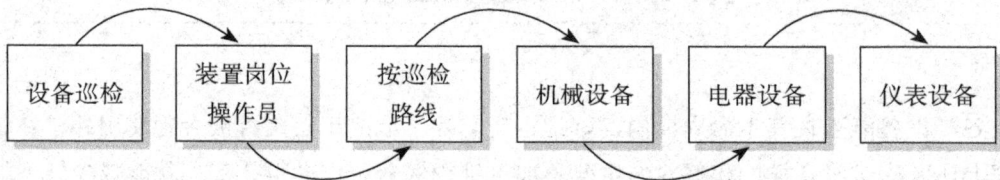

图5-1　现场设备横向检查维护管理体系

（2）维护人员

机械、电器、仪表维护人员定时、定位点检，建立现场设备纵向维护管理网络体系，具体如图5-2所示。

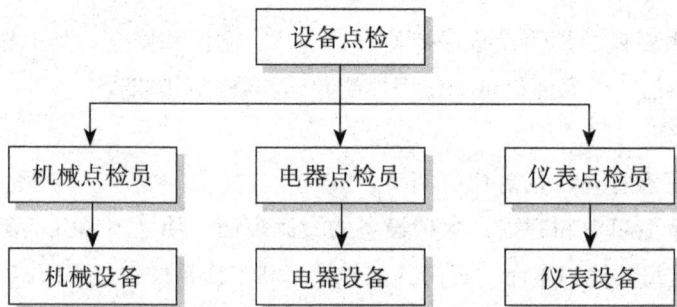

图5-2　设备纵向维护管理网络体系

（3）专检人员

处、室、生产车间、维护车间、专业技术管理人员进行专检，建立现场设备检查维护管理监督保证体系，具体如图5-3所示。

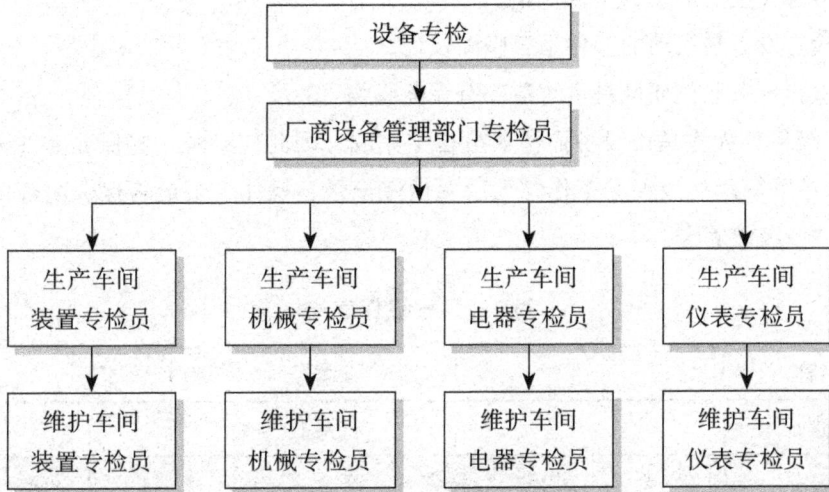

图5-3　现场设备检查维护管理监督保证体系

（4）特级维护人员

科室、车间的专业技术管理人员联合维护车间点检人员和生产车间巡检人员，定期对关键设备进行检查和特级维护，突出现场设备检查和维护管理工作的重点，具体如图5-4所示。

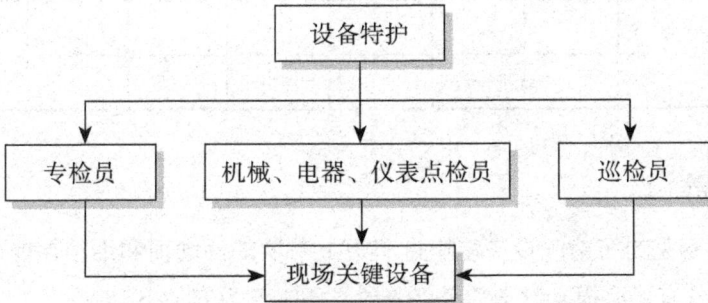

图5-4　现场设备检查和维护管理工作的重点

1.2　三级保养内容

依据设备保养工作量的大小和难易程度，可将设备保养划分为三个级别。

1．一级保养

一级保养以操作工人为主执行，维修工人协助其按计划拆卸和检查设备的局部、清洗规定部位、调整设备各部位的配合间隙、紧固设备的各个部位等。一级保养的具体工作内容如下。

（1）检查皮带是否松动。

（2）检查制动开关是否正常。

（3）检查安全防护装置是否完整。

（4）检查设备易松动的部件是否坚固。

（5）检查设备运作环境是否清洁，有无障碍物。

由于一级保养大多是由设备操作人员自主完成，因此应参考一些保养文件进行，例如保养作业指导书等。一级保养工作结束后要做好记录，操作人员应将保养内容记录在如表5-1所示的"一级保养卡"中。

表5-1　一级保养卡

设备名称				编号					保养者签章	上级签章
直接保养责任人				直接上级						
保养内容 日期	周围环境	表面擦拭	加油润滑	固件松动	安全装置	放气排水	……		保养者签章	上级签章
1										
2										
3										
4										
…										
31										

2．二级保养

二级保养主要是为了清除设备使用过程中由于零部件磨损和维护保养不良所造成的局部损伤，减少设备有形磨损。设备二级保养的具体工作内容如下。

（1）清扫和检查电器箱、电动机，做到电器装置固定整齐、安全防护装置牢靠。

（2）清洗设备相关附件和冷却装置。

（3）按计划拆卸设备的局部和重点部位，并进行检查，彻底清除油污，疏通油路。

（4）清洗或更换油毡、油线、滤油器、滑导面等。

（5）检查磨损情况，调整各部件配合间隙，紧固易松动的各部位。

二级保养主要根据"周保养检查记录表"完成，一般由操作人员在周末进行停机保养，特殊情况可请维修人员配合。二级保养完成后，操作人员需填写如表5-2所示的"二级保养卡"。

表5-2　二级保养卡

设备名称		设备编号		
二级保养者		督导者		
项次	保养项目	保养标准	保养周期	保养结果记录
1				
2				
3				
4				
……				

3．三级保养

三级保养是设备磨损的一种补偿形式，是以维持设备技术状况为主的检修形式。三级保养的实施主要以维修人员为主，操作人员参加，主要工作内容如下。

（1）对设备进行部分解体检查和修理。

（2）对各主轴箱、变速传动箱、液压箱和冷却箱进行清洗并换油。

（3）修复或更换易损件。

（4）对设备进行校准，必须在"校准证"上做好记录。

（5）三级保养要保证主要精度达到工艺要求。

（6）三级保养的周期视设备具体情况而定。

三级保养工作结束后，维修人员除了要在如表5-3所示的"三级保养卡"中做好记录，还要及时检查其效果，并运用如表5-4所示的"三级保养效果检查表"对三级保养的情况进行检查。

表5-3　三级保养卡

设备名称		设备编号	
保养方式	1. 自行实施（　）	2. 厂外实施（　）	
责任部门		责任人	
保养周期			
厂外实施单位			
项次	保养情况记录		保养费用
1			
2			
3			
…			

表5-4　三级保养效果检查表

设备名称		设备编号	
保养方式	1. 自行实施（　）	2. 厂外实施（　）	
责任部门		责任人	
保养周期			
厂外实施厂名			
保养时间			
保养成本			
项目	保养前	保养后	升降率
工作效率			
故障率			
……			
综合评价			

第2节　控制设备磨损

机器设备在使用或闲置过程中会逐渐发生磨损而降低其原始价值。通常，磨损是指零部件的几何尺寸（体积）变小，它有两种形式：有形磨损与无形磨损。

2.1　有形磨损的形式

有形磨损的技术后果是设备的使用价值降低，达到一定程度后可使设备完全丧失使用价值；经济后果是生产效率逐步下降，消耗不断增加，废品率上升，与设备有关的费用也逐步提高，从而使产品的单位成本上升。当有形磨损比较严重时，如果不采取措施，可能会引发设备事故，从而造成更大的经济损失。一般企业将有形磨损划分为两种形式：

1. 第一种有形磨损

这种磨损通常表现为设备零部件的原始尺寸、形状发生变化，公差配合性质改变以及精度降低、零部件损坏等。此种磨损有一般性规律，大致可分为如下三个阶段。

（1）初期磨损阶段

在这个阶段，设备各零部件表面的宏观几何形状和微观几何形状都会发生明显变化，原因是在加工制造过程中，零部件表面的粗糙度发生了改变。此阶段磨损速度很快，一般发生在设备调试和初期使用阶段。

（2）正常磨损阶段

在这个阶段，零部件表面上的高低不平和不耐磨的表层已被磨去，故磨损速度较以前缓慢，磨损情况较稳定，磨损量基本随时间均匀增加。

（3）急剧磨损阶段

在这一阶段，由于零部件已达到它的使用寿命（自然寿命）而仍被继续使用，破坏了正常磨损关系，从而使磨损加剧、磨损量急剧上升，造成设备的精度、技术性能和生产效率明显下降。

2．第二种有形磨损

设备在闲置过程中，会由于自然力的作用而腐蚀，或由于管理不善和缺乏必要的维护而自然丧失精度和工作能力，这就是第二种有形磨损。

第一种有形磨损与设备的使用时间和使用强度有关，而第二种有形磨损在一定程度上与设备的闲置时间和保管条件有关。

在实际生产中，除去封存不用的设备外，以上两种磨损形式往往不是以单一形式表现出来，而是共同作用于机器设备上。

2.2　无形磨损的形式

无形磨损又称经济磨损，是由于科学技术进步而不断出现性能更加完善、生产效率更高的设备，使原有设备的价值降低；或者是生产同样的产品，由于工艺改进或加大生产规模等原因，使得设备的重置价值不断降低，即设备贬值。所以，无形磨损也可分为两种形式：

1．第一种无形磨损

由于设备重置价值的降低而带来的原有设备价值的贬值，叫做第一种无形磨损，也称为经济性无形磨损。

2．第二种无形磨损

由于不断出现性能更完善、效率更高的设备而使原有设备在技术上显得陈旧和落后所产生的无形磨损，叫做第二种无形磨损，也称技术性无形磨损。

在实际生产中，无形磨损表现为设备原始价值的降低，故通常用价值损失来衡量设备无形磨损的程度，其计算公式如下：

$$\alpha_j = \frac{K_0 - K_1}{K_0} = 1 - \frac{K_1}{K_0}$$

式中：

α_j——设备无形磨损程度。

K_0——设备的原始价值。

K_1——考虑到第一、第二种无形磨损时设备的重置价值。

由于在实际工作中，第一种无形磨损与第二种无形磨损往往不是单独表现出来，而是交错发生，因此，在计算无形磨损α_j时，K_1必须反映技术进步的两方面影响：一是相同设备重置价值的降低，二是具有更好性能和更高效率的新设备的出现。因此K_1可用如下公式计算：

$$K_1 = K_n \left(\frac{q_0}{q_n}\right)^\alpha \left(\frac{C_n}{C_0}\right)^\beta$$

式中：

K_n——新设备价值。

q_0、q_n——使用相应的旧设备、新设备时的年生产率。

C_0、C_n——使用相应的旧设备、新设备时的单位产品成本。

α、β——分别为劳动生产率提高和成本降低指数，指数的数值范围均在0~1之间。

2.3 设备磨损控制

1. 设备综合磨损计算方式

有形磨损和无形磨损同时引起设备原始价值的降低。根据有形磨损和无形磨损的指标，可以计算出两种磨损的综合指标，计算公式如下：

$$\alpha_m = 1 - （1 - \alpha_p）（1 - \alpha_j）$$

式中：

α_m——设备综合磨损程度。

α_p——设备有形磨损程度。

α_j——设备无形磨损程度。

至于设备在两种磨损作用下的剩余价值K，可用如下公式计算：

$$
\begin{aligned}
K &= （1 - \alpha_m）K_0 \\
&= [1 - 1 + （1 - \alpha_p）（1 - \alpha_j）]K_0 \\
&= [（1 - \alpha_p）（1 - \alpha_j）]K_0
\end{aligned}
$$

$$= [(1-\alpha_p)(1-1+\frac{K_1}{K_0})]K_0$$

$$= [(1-\alpha_p)\frac{K_1}{K_0}]K_0$$

$$= [(1-\alpha_p)]K_0$$

$$= K_1 - K_1 \cdot \alpha_p$$

$$= K_1 - R$$

式中：K_0——设备原始价值。

K_1——设备重置价值。

设备的重置价值 K_1 乘以设备有形磨损程度 α_p 往往可以等同于设备的修理费 R。

所以，设备的剩余价值 K 等于设备重置价值 K_1 减去修理费用 R。

2．设备磨损的补偿

设备遭受磨损以后，应当对其进行补偿。设备磨损形式不同，补偿的方式也不一样。常见的补偿方式如表5-5所示。

表5-5　设备磨损的补偿

设备磨损	具体种类	补偿方式
有形磨损	可消除的有形磨损	对零部件进行修理和维护，使其保持干净，并能正常运转
	不可消除的有形磨损	更换磨损零件或设备
无形磨损	第一种无形磨损	对原有设备进行现代化改装，使之得到局部补偿
	第二种无形磨损	采用结构相同的设备或更先进的设备来更换原有设备

2.4　设备润滑作业

设备润滑作业是向运转机械的摩擦表面提供适当的润滑剂，以减少其相互间摩擦和磨损的作业。润滑作业是控制设备磨损的主要措施之一。

1．润滑作业的要求

（1）五定

五定是润滑工作的重点，主要包括定点、定质、定量、定期和定人，具体的工作内容如表5-6所示。

表5-6　五定管理表

序号	五定	具体内容
1	定点	确定每台设备的润滑部位和润滑点，保持其清洁与完好无损，并实施定点给油。具体应做到： （1）对设备的润滑部位和润滑点最好进行标识 （2）参与润滑工作的操作员工、保养员工必须熟悉相关设备的润滑部位和润滑点 （3）润滑加油时，要按润滑点标识的部位加换润滑油
2	定质	设备的润滑油品必须经检验合格，按规定的润滑油种类进行加油，润滑装置和加油器具要保持清洁。具体应做到： （1）必须按照润滑卡片和图表规定的润滑油种类和牌号加换润滑油 （2）加换润滑油的器具必须清洁，不能被污染，以免污染设备内部润滑部位 （3）加油口、加油部位必须清洁，不能有脏污，以免将污物带入设备内部，影响甚至破坏润滑效果
3	定量	在保证良好润滑的基础上，实行日常耗油量定额和定量换油。具体应做到： （1）设备油量最好能够可视化，以便清楚地知道加油量是否合适 （2）日常加油要按照加油定额数量或显示的数量限度进行，不能过多，也不能过少，既要做到保证润滑，又要避免浪费 （3）换油时，循环系统要开机运行，确认油位不再下降后补充至油位 （4）做好废油的回收和退库工作，治理设备漏油现象，防止浪费
4	定期	按照规定的周期加润滑油，并按照规定时间对润滑油进行抽样化验，视油质状况确定清洗换油、循环过滤和抽验周期。具体应做到： （1）设备工作之前，操作工人必须按润滑卡片的润滑要求检查设备润滑系统，为需要日常加油的润滑点加油 （2）设备的加油、换油要按润滑卡片的计划执行 （3）对于大型油池，要按规定的检验周期进行取样检验 （4）对于关键设备或关键部位，要按规定周期对油液进行取样分析
5	定人	按照规定明确员工的分工，确保其各司其责、互相监督。具体应做到： （1）当班操作人员对设备润滑系统进行润滑点检，确认润滑系统正常后方能开机 （2）当班操作人员或保养人员负责对设备的加油部位实施加油润滑，对润滑油池的油位进行检查，不足时及时补充 （3）保养人员对设备油池按计划进行清洗换油；对机器轴承部位进行定期检查，及时更换润滑脂 （4）维修或保养人员对整个设备润滑系统进行定期检查，对跑、冒、滴、漏问题进行改善

（2）三过滤

三过滤即润滑油入库过滤、发放过滤和加油过滤，这是为了减少油液中杂质的含量、防止尘屑等杂质随油进入设备而采取的净化措施，具体如图5-5所示。

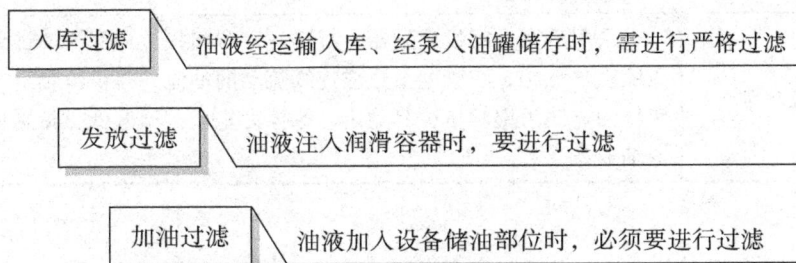

入库过滤　油液经运输入库、经泵入油罐储存时，需进行严格过滤

发放过滤　油液注入润滑容器时，要进行过滤

加油过滤　油液加入设备储油部位时，必须要进行过滤

图5-5　三过滤的具体内容

2．润滑作业方式

由于设备各有不同，所要求的润滑强度也不同，因而有不同的润滑方式，具体如表5-7所示。

表5-7　润滑作业方式说明表

序号	润滑方式	具体操作
1	手工润滑	由操作工使用油壶或油枪向润滑点的油孔、油嘴和油杯加油，主要用于低速、轻载和间歇工作的滑动面、开式齿轮、链条等。加油量依靠经验控制
2	滴注润滑	依靠油的自重通过装在润滑点上的油杯中的针阀或油绳滴油进行润滑。结构简单，使用方便，但给油量不容易控制，振动、温度的变化和油面的高低都会影响给油量。不宜使用高粘度的油，因为针阀易被堵塞
3	飞溅润滑	利用零件的高速旋转将油池中的油带起后溅落到需润滑的部位，广泛适用于闭式箱体中的滚动轴承、齿轮传动、蜗杆传动、链传动、凸轮等的润滑
4	油环、油链润滑	将油环、油链或油轮套在轴上，通过旋转把油带到轴上，再流向润滑部位
5	油绳、油垫润滑	利用浸在油池中的毛绳或毛毡的毛细管虹吸效应供油。主要应用于小型或轻载滑动轴承
6	油浴润滑	将需要润滑的零件浸入到润滑油浴中，机器运动时润滑油被带到需要的部位。这种润滑方式适用于齿轮、轴承、链轮、凸轮、钢丝绳等的润滑
7	压力润滑	利用装在油池上的柱塞泵将润滑油通过管路输送到各个需要润滑的零件上，多用于集中润滑系统

（续表）

序号	润滑方式	具体操作
8	油雾润滑	用压缩空气流将润滑油喷成油雾后送到润滑部位，主要适用于润滑高速滚动轴承
9	油气润滑	采用活塞式定量分配器，每隔一定时间将微量润滑油送到管内的压缩空气流中，在管壁上形成连续流动的油流，提供给轴承。油气润滑比油雾润滑用油量少且稳定，摩擦力矩小，温升低，特别适用于高速轴承

3．润滑油（脂）的选用

润滑油（脂）的选用要点如图5-6所示。

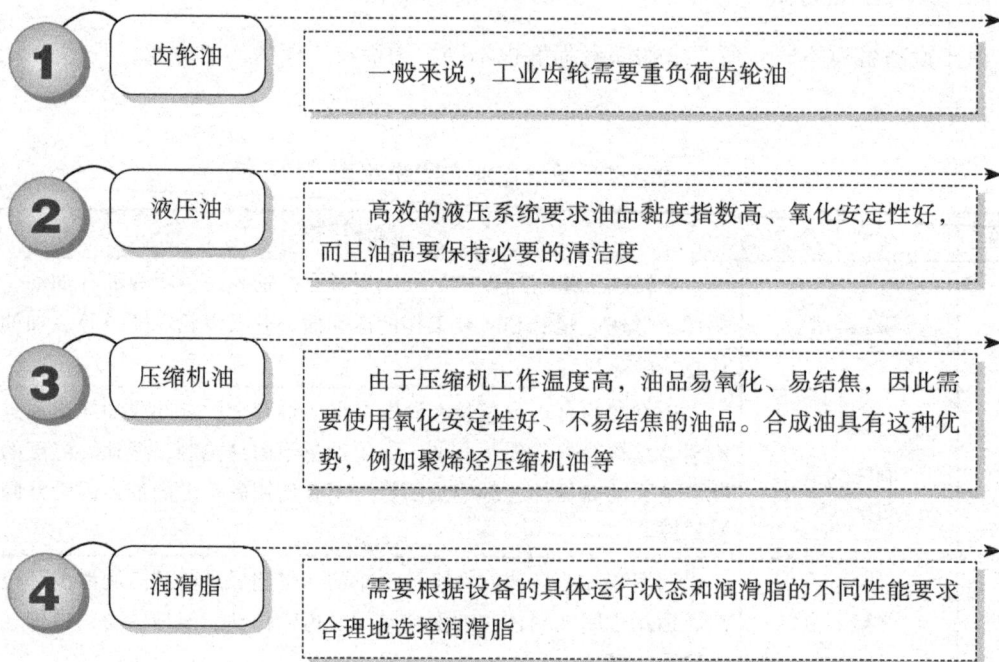

1 齿轮油 —— 一般来说，工业齿轮需要重负荷齿轮油

2 液压油 —— 高效的液压系统要求油品黏度指数高、氧化安定性好，而且油品要保持必要的清洁度

3 压缩机油 —— 由于压缩机工作温度高，油品易氧化、易结焦，因此需要使用氧化安定性好、不易结焦的油品。合成油具有这种优势，例如聚烯烃压缩机油等

4 润滑脂 —— 需要根据设备的具体运行状态和润滑脂的不同性能要求合理地选择润滑脂

图5-6 润滑油（脂）选用要点

4．润滑油（脂）的储存、保管及发放

（1）设置专门的"油料仓"对其进行储存。

（2）润滑油库需要储存3~6个月的用油量。库房要设置在粉尘少的地方。

（3）库房内要设有消防装置和器材，并为油品存放区域设置指示标志。

（4）各种储油容器要保持清洁和零部件完整，容器内的油（脂）需要注明名称、代号和入库时间，并做到分类、分组保管。

（5）库内要采取通风、保温措施，库内严禁动火或用火加热油罐。

（6）润滑油必须经分析化验合格后方可入库，并要妥善保管以防变质，严禁露天堆放和到处存放。

（7）润滑油储存期规定为3个月，超过3个月或油品倒罐时要进行分析检验。对不合格的油品要进行加工处理，待合格后方可使用。

（8）润滑油品库应配备如图5-7所示的资料。

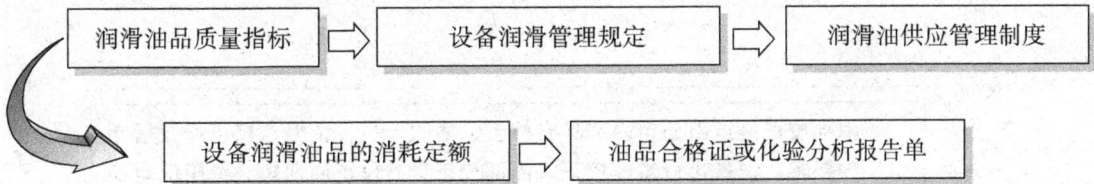

```
┌────────────────┐    ┌────────────────┐    ┌────────────────┐
│  润滑油品质量指标  │ ⇨ │  设备润滑管理规定  │ ⇨ │ 润滑油供应管理制度 │
└────────────────┘    └────────────────┘    └────────────────┘

┌────────────────┐    ┌────────────────────┐
│ 设备润滑油品的消耗定额 │ ⇨ │ 油品合格证或化验分析报告单 │
└────────────────┘    └────────────────────┘
```

图5-7 润滑油品库应配备的资料

（9）领取油品时，保管人员必须以领用单据核对油品标签，核实无误后方可发放，并附质量证明复印件。

（10）废油必须设置专区存放。

第3节 校正设备精度

在现场管理活动中，若使用的品质检测设备精度有误差，检测结果必然是不正确的，甚至可能出现把合格品当作不良品废弃的情况，所以企业必须对设备的精度进行校正。

3.1 需要进行精度校正的设备类型

需要进行精度校正的设备如下。

1. 生产工艺设备

生产工艺设备主要包括以下几种：

（1）直接决定产品性能的生产工艺设备，例如电烙铁、电批扭矩、张力仪等。

（2）影响产品性能稳定的保管设备，例如恒温箱、无尘车间等。

2. 辅助设备

例如空压机、输送带等。

3．检测设备

例如"检验作业指导书""校正作业指导书""出货检查作业指导书"中所使用的检测、试验设备，以及品质追踪所使用的检测设备。

3.2 精度校正的方法

精度校正的方法有内部校正和外部校正两种。

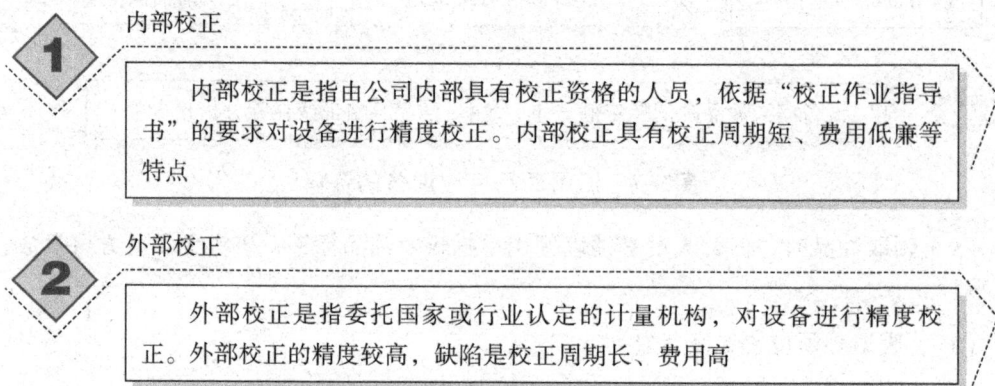

1 内部校正

内部校正是指由公司内部具有校正资格的人员，依据"校正作业指导书"的要求对设备进行精度校正。内部校正具有校正周期短、费用低廉等特点

2 外部校正

外部校正是指委托国家或行业认定的计量机构，对设备进行精度校正。外部校正的精度较高，缺陷是校正周期长、费用高

图5-8 精度校正的方法

3.3 精度校正的步骤

精度校正的步骤如下。

1．编制校正计划

包括校正周期、校正人员、校正方式、校正频率、校正结果的处理等。

2．制定标准校正作业规程

（1）设备实际使用频率：使用频率越高，校正周期越短。

（2）相应法律、行规、制造厂商的推荐校正周期。

（3）客户对产品精度的要求：越严格，校正周期越短。

3．实施校正

（1）按设备精度、校正周期、校正项目的要求实施校正。

（2）事先与该设备使用部门协调时间，尽量在短时间内完成。

（3）对于为了校正而设定的各种条件，要采取标识，以防被人误改。

（4）如果是用"母器"进行校正，需要在台账和被校正设备上标注清楚。

（5）在设备上贴好"校正证"。

4．做好校正记录

无论是外部校正还是内部校正，校正人员都应对校正的结果做好记录。表5-8是一张比较规范的"校准记录表"，供读者参考。

表5-8　校准记录表

日期：

设备名称		型号		制造厂商		出厂编号	
校准条件：							
校准器名称		型号			编号		
校准规程：							
校准结论：							

检验员：　　　　　　　　　　　　　　校准员：

3.4　校正结果及其处理方法

设备校正结果及其处理方法如下。

1．精度校正的结果

精度校正完成后会出现以下几种结果。

（1）精度没有偏差，校正后精度更高。

（2）精度有偏差，经校正后回到标准规格内。

（3）精度有偏差，经校正仍无法回到标准规格内。

2．结果的处理

（1）第一种结果，只须记录校正结果即可。

（2）第二、第三种结果的处理方法如表5-9所示。

表5-9　校正结果的处理方法

事项	第二种结果	第三种结果
设备的处理	设定新的（更短）的校正周期	（1）替换成精度正常的设备 （2）彻底维修或废弃精度有偏差的设备 （3）精度偏差的设备，限定在某个非生产的范围内（场合）使用 （4）寻找其他设备替代原有发生偏差的设备，同样对替代品也要进行精度校正
产品的处理	1. 立即确认对产品品质有何影响： （1）品质无影响的，已完成的产品照常出货 （2）品质有影响的，视其影响程度大小作出综合判定和处理 2. 追溯品质发生偏差的时间，估算每一时段的影响程度，并采取相应对策： （1）收集不同时段的样品再次检测，确定品质偏差的初发时间 （2）联络客户，采取必要的应变措施 （3）工序内判定合格但尚未流到下一工序的部件，再次进行检测	

3.5　精度校正管理的注意事项

精度校正管理的注意事项如下。

（1）对于新购入的设备，在使用前最好进行校正。

（2）校正对象与非校正对象都要进行识别管理，识别越详细，错漏机会越少。

（3）设备因精度偏差过大、无法校正而废弃时，必须做好标识，报请相关部门审批。

（4）"母器"应尽量避免在生产中频繁使用，以免本身精度发生偏差。

（5）不要为所有设备设定相同的校正周期，既要考虑保证设备的精度，又要设法降低校正成本。

学 习 笔 记

通过学习本章内容，想必您已经有了不少学习心得，请仔细填写下来，以便继续巩固学习。

另外，请填写运用计划，以使工作与学习相结合。

如果您在学习中遇到了一些难点，也请如实写下来，以方便今后在学习中彻底解决这些难点。

我的学习心得：

1. _____
2. _____
3. _____

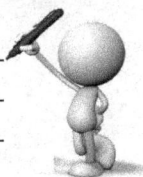

我的运用计划：

1. _____
2. _____
3. _____

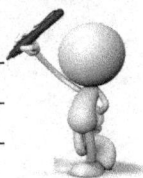

我的学习难点：

1. _____
2. _____
3. _____

第 6 章

前期管理

·········· 关键指引 ········

设备前期管理一般是指企业对外购设备和自制设备就技术环节和经济效益进行的全面管理。外购设备的前期管理主要包括选型采购、安装调试、验收等，自制设备的前期管理主要包括调查研究、规划设计、制造等。本书主要介绍外购设备的前期管理。

第1节　设备采购规划

设备采购是设备前期管理的重要内容。在进行设备采购前，企业要综合各方面因素做好采购的规划工作。

1.1　设备采购应考虑的因素

在采购设备时，企业一般要从长远利益出发来考虑如表6-1所示的几个因素。

表6-1　设备采购应考虑的因素

序号	类别	具体内容
1	生产性	生产性指的是设备的生产效率，通常表示为设备在单位时间内生产的产品数量。在进行设备选型时，企业要根据自身条件和生产需要，选择生产效率较高的设备
2	可靠性	可靠性主要有设备的可靠度和产品的精度两个衡量指标。可靠度指设备在规定的使用条件下，在一定时间内无故障地发挥机能的概率。企业应选择能生产高质量产品的、可靠度高的设备
3	安全性	安全性是指设备对生产安全的保障能力，企业一般应选择安装有自动控制装置的设备

序号	类别	具体内容
4	可修性	可修性是指设备维修的难易程度。企业选择的设备要便于维修，为此应尽可能取得设备的相关资料、数据，或取得供方维修服务的保证
5	成套性	成套性是指设备在性能方面的配套水平。大型企业，特别是自动化程度较高的企业越来越重视设备的成套性，选择配套程度高的设备有利于提高生产效率
6	节能性	节能性是指设备节约能源的可能性，在采购设备时，企业应购进能耗较低的设备
7	环保性	环保性是指设备的环保指标达到规定的要求。企业采购设备时，应选择噪声与"三废"排放较少的、达到国家环保要求的设备。同时，由于有些设备具有特殊的环保要求，例如不含铅（Pb），企业在采购时也要予以注意
8	灵活性	灵活性是指设备的通用性、多能性和适应性。工作环境易变、工作对象易变的企业在设备选型时应重视这一因素
9	时间性	时间性是指设备的自然寿命和技术寿命较长。优良的设备因其使用期长、技术上较先进，不会很快被淘汰，企业应尽可能采购此类设备

1.2　设备的经济评价

企业创建、扩建或对原有设备进行更新时均需添置新设备，这就要求企业对所需采购的设备从技术性和经济性等方面进行选择与评价，以采购到符合要求的设备。

进行设备管理是为了取得良好的投资效益，达到设备寿命周期费用的最佳化。为此，在考虑技术的先进性和适用性的同时，企业还应重视设备的经济评价。对设备进行经济评价常用以下几种方法。

1. 设备投资回收期法

设备投资回收期法又称归还法或还本期法，是指企业用每年所得的收益偿还原始投资所需要的时间，常用于设备采购投资方案的评价和选择。

这种方法是将财务流动性作为评价基准，用投资回收期的长短来判定设备的投资效果，最终选择投资回收期最短的方案作为最优方案。由于对企业每年所得的收益应包括的内容有不同的见解，因而投资回收期有以下三种不同的计算方法。

（1）用每年所获得的利润或节约额补偿原始投资，大多数企业常用这一方法计算投资回收期，其计算公式为：

$$投资回收期 = \frac{设备投资额（元）}{年利润或节约额（元／年）}$$

（2）用每年所获得的利润和税收补偿原始投资，其计算公式为：

$$投资回收期 = \frac{设备投资额（元）}{年利润 + 年上缴税金（元／年）}$$

（3）用每年所获得的现金净收入，即折旧加税后的利润补偿原始投资，这种方法常被西方企业所采用，其计算公式为：

$$投资回收期 = \frac{设备投资额（元）}{年现金净收入（元／年）}$$

在上述各公式中，若各年收入不等，可逐年累计其金额，并与原始投资总额相比较，即可算出投资回收期。

2. 设备投资现值法

现值法是把不同设备的每年使用费，用利息率折合为"现值"，再加上最初投资费用，求得设备使用年限中的总费用（也称现值总费用），据此进行比较，从而判断设备投资方案经济性优劣的一种方法。现值法总费用的计算公式为：

设备使用年限的总费用=最初投资费用+（每年使用费用×现值系数）

$$现值系数 = \frac{(1+i)^n - 1}{i(1+i)^n}$$

式中：i 是年利率；n 是设备使用年限。

现值系数除了可以用上面的公式计算外，还可通过查表求得。例如，某企业需采购某种设备，其中有两种型号A、B，相关资料如范本6-01所示。

【范本6-01】A、B型号设备比较

A、B型号设备比较

相关费用设备型号	A	B
最初投资费用	8 000元	10 000元
每年使用费用	1 000元	800元
使用年限	10年	10年
年利率	10%	10%
残存价格	0	0

当年利率 i =10%，设备使用年限为10年时，现值系数为6.444，则A设备现值总费用为：

8 000+（1 000×6.444）=14 444（元）

B 设备现值总费用为：

10 000+（800×6.444）=15 155.20（元）

由于A型号设备现值总费用比B型号低711.2（15 155.20-14 444）元，因此应选择A型号的设备。

3. 设备投资年费用法

年费用法是将不同设备的年平均费用总额进行比较，以评价其经济效益的方法。年平均费用总额是指每年分摊的原始投资费用与每年平均支出的使用费用之和，用公式表示为：

年平均总费用=年使用费用+（设备最初投资费用×投资回收系数）

其中：

$$投资回收系数 = \frac{i(1+i)^n}{(1+i)^n - 1}$$

式中：i 是年利率；n 是设备使用年限。

可见，投资回收系数是现值系数的倒数，它既可以按上式计算，也可以通过查表求得。

例如，仍以上表的资料为例，说明年费用法的评价方法。

当 i =10%，n=10年时，投资回收系数为0.16275。

A 型号设备的年平均总费用为：

1 000 +（8 000×0.16275）= 2 302（元）

B 型号设备的年平均总费用为：

800 +（10 000×0.16275）= 2 427.5（元）

计算结果表明，设备投资费用A型号比B型号低125.5（2 427.5 - 2 302）元，故应选择A型号的设备。决策方案与现值法的结果相同。

第2节 设备招标采购

招标采购是设备采购的主要方式，必须按照具体程序实施。设备招标采购流程如图6-1所示。

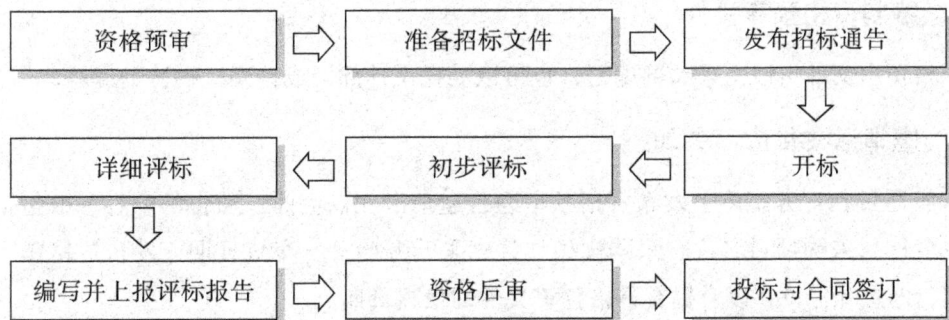

图6-1　设备招标采购流程

2.1　资格预审

对于大型、复杂设备或成套设备，在正式组织招标以前，企业一般都需要对供应商的资格和能力进行预先审查，即资格预审。资格预审主要包括基本资格预审和专业资格预审。

1. 基本资格预审

基本资格是指供应商的合法地位和信誉，包括公司是否注册、是否破产、是否存在违法违纪行为等。

2. 专业资格预审

专业资格是指已具备基本资格的供应商履行采购项目的能力，具体包括。

（1）经验和以往承担类似合同的业绩和信誉情况。

（2）为履行合同所配备的人员情况。

（3）为履行合同而配备的机械、设备以及制定的施工方案等情况。

（4）财务情况。

（5）售后维修服务的网点分布、人员结构等情况。

2.2　采购资格预审程序

采购资格预审程序具体如图6-2所示。

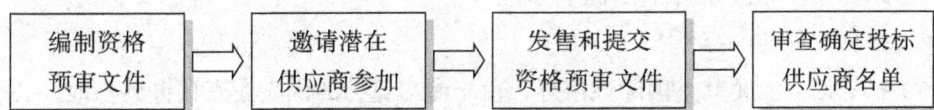

图6-2　采购资格预审程序

1. 编制资格预审文件

资格预审文件可以由采购部编写，也可以委托设计部门或咨询机构协助编写。

2. 邀请潜在供应商参加

一般通过在官方媒体上发布资格预审通告邀请潜在供应商。通告的内容一般包括：采购企业名称、采购项目名称、采购规模、计划采购开始日、交货日期、发售资格预审文件的时间、地点和售价，以及提交资格预审文件的最迟日期。

3. 发售和提交资格预审文件

资格预审通告发布后，采购企业应立即开始发售资格预审文件。资格预审申请书的提交必须按资格预审通告中规定的时间，对截止期后提交的申请书应一律拒收。

4. 审查确定投标供应商名单

在规定的时间内，采购企业按照资格预审文件中规定的标准和方法，对提交资格预审申请书的供应商的资格进行审查。

2.3　准备招标文件

招标文件是供应商准备投标文件和参加投标的依据，是采购企业评标的重要依据，也是签订合同所遵循的依据。因此，准备招标文件是非常关键的环节，它直接影响到采购的质量和进度。招标文件至少应包括以下内容。

1. 招标通告

企业在通过招标采购设备时，必须要在招标之前通过通告的形式公布招标事实和招标过程中的注意事项。

2. 投标须知

投标须知是投标的规则，投标商在投标时必须遵循。投标须知的主要内容如下。

（1）资金来源。

（2）如果没有进行资格预审的，要提出投标商的资格要求。

（3）货物原产地要求。

（4）招标文件和投标文件的澄清程序。

（5）投标文件的内容要求。

（6）投标语言。尤其是国际性招标，由于参与竞标的供应商来自世界各地，必须对投标语言作出规定。

（7）投标价格和货币规定。对投标报价的范围作出规定，即报价应包括哪些方面，另外，统一报价口径便于评标时计算和比较最低评标价。

（8）修改和撤销投标的规定。

（9）标书格式和投标保证金的要求。

（10）评标的标准和程序。

3．合同条款

合同条款包括一般合同条款和特殊合同条款。

4．技术规格

设备的技术规格一般采用国际或国内公认的标准，除不能准确说明拟招标设备的特点外，各项技术规格均不得要求或标明某一特定的商标、名称、专利、设计、原产地或生产厂家，不得有倾向某一潜在供应商或排斥某一潜在供应商的内容。

5．投标书的编制要求

投标书是供应商对其投标内容的书面声明，包括投标文件、投标保证金、总投标价和投标书的有效期等内容。

（1）投标书中的总投标价应分别以数字和文字表示。

（2）投标书的有效期是指投标有效期，使投标商确认在此期限内受其投标书的约束。该期限应与投标须知中规定的期限一致。

6．投标保证金

投标保证金是为了防止投标商在投标有效期内任意撤回其投标或中标后不签订合同或不交纳履约保证金，使采购企业蒙受损失而交纳的保证金。企业应对投标保证金作出以下几个要求。

（1）投标保证金可采用现金、支票、不可撤销的信用证、银行保函、保险公司或证券公司出具的担保书等方式交纳。

（2）投标保证金的金额不宜过高，可以确定为投标价的一定比例，一般为投标价的1%~5%，也可以确定一个固定数额。

（3）国际性招标采购的投标保证金的有效期一般为投标有效期加上30天。

7．供货一览表、报价表和工程量清单

供货一览表应包括采购设备的品名、数量、交货时间和地点等内容。对于在境内提供的设备和在境外提供的设备，在报价时要分开填写，要求分别为。

（1）对境内提供的设备要填写设备品名、设备简介、原产地、数量、出厂单价、出厂价境内增值部分占的比例、总价和中标后应缴纳的税费等。

（2）对境外提供的设备要填写设备品名、设备简介、原产地、数量、离岸价单价、离

岸港、到岸价单价、到岸港和到岸价总价等内容。

2.4 发布招标通告

1. 招标通告的内容

招标通告的内容因项目而异，一般应包括采购企业的名称和地址、资金来源、采购内容简介、获取招标文件办法和地点、采购企业对招标文件收取的费用和支付方式、投标商提交投标书的地点和截止日期、投标保证金的金额要求和支付方式、开标日期和地点等内容。以下为一则招标通告的范例。

【范本6-02】××实业有限公司招标通告

· ·

××实业有限公司招标通告

_____公司就设备进行邀请招标，现邀请承包该采购项目的企业按本招标文件的规定提交投标文件。

1. 项目名称：_____。
2. 项目内容：_____。
3. 供货周期：_____。
4. 招标文件售价：人民币××元/份，售后不退。
5. 发标、现场考察、答疑及开标时间：详见"投标资料表"。
6. 购买招标文件地点：_____。
7. 递交投标文件截止时间、地点：详见"投标资料表"。
8. 开标时间、地点：详见"投标资料表"。逾期递交投标文件或递交不符合规定的投标文件恕不接受。届时请参加投标的授权代表出席开标仪式，并在开标现场查验法定代表人授权书和身份证（原件）。

招标人：_____

日　　期：_____

2. 发布的方式

（1）如果有资格预审程序，招标文件可以直接发售给通过资格预审的供应商。

（2）如果没有资格预审程序，招标文件可以发售给任何对招标通告作出反应的供应商。

（3）招标文件的发售可采取邮寄的方式，也可以让供应商或其代理前来购买。如果采取邮寄方式，则要求供应商应在收到招标文件后告知招标企业。

2.5 开标

开标必须以招标文件为依据。采购企业在开标时必须注意以下事项。

（1）开标应按招标通告中规定的时间、地点公开进行，并邀请投标商或其委派的代表参加。

（2）开标前，应以公开的方式检查投标文件的密封情况，当众宣读供应商名称、有无撤标情况、提交投标保证金的方式是否符合要求、投标项目的主要内容、投标价格以及其他有价值的内容。

（3）开标时，对于投标文件中含义不明确的地方，允许投标商作简要解释，但其所做的解释不能超过投标文件记载的范围，或实质性地改变投标文件的内容。

（4）以传真、电话方式投标的，不予开标。

（5）开标时要做开标记录，内容包括项目名称、招标号、刊登招标通告的日期、发售招标文件的日期、购买招标文件单位的名称、投标商的名称和报价以及截标后收到标书的处理情况等。

2.6 评标

1. 招标采购的评标方法

评标必须以招标文件为依据，不得采用招标文件规定以外的标准和方法进行，凡是评标中需要考虑的因素都必须写入招标文件中。以下介绍几种常用的评标方法。

（1）综合评标法

综合评标法是指以价格另加其他因素为基础的评标方法。在采购耐用设备，例如车辆、发动机以及其他设备时，可采用这种评标方法。采用综合评标法时，评标中除考虑价格因素外，还应考虑例如运费、保险费、交货期、付款条件等其他因素。

（2）以寿命周期成本为基础的评标方法

企业在采购整套厂房、生产线或在运行期内的各项后续费用（零配件、油料、燃料、维修等）很高的设备时，可采用以寿命周期成本为基础的评标方法。在计算寿命周期内成本时，企业可以根据实际情况，在标书报价的基础上加上一定年限的各项费用，再减去一定年限后设备的残值，即扣除一定年限的折旧费后设备的剩余值。在计算各项费用或残值时，都应按标书中规定的贴现率折算成净现值。

2. 招标采购的评标程序

（1）初步评标

初步评标工作比较简单，但却是非常重要的一步。初步评标的内容包括确认供应商资格是否符合要求、投标文件是否完整、投标商是否按规定方式提交投标保证金、投标文件是否符合招标文件的要求。

初步评标结束后，采购企业应核定符合要求的投标中是否存在计算方面的错误。在修改计算错误时，要遵循两条原则：如果数字表示的金额与文字表示的金额有出入，要以文字表示的金额为准；如果价格和数量的乘积与总价不一致，要以单价为准。

但是，如果采购企业认为有明显的小数点错误，此时则要以标书的总价为准，并修改单价。如果投标商不接受根据上述修改方法而调整的投标价，可拒绝其投标并没收其投标保证金。

（2）详细评标

只有在初评中确定为基本合格的投标才有资格进入详细评标和比较阶段。具体的评标方法取决于招标文件中的规定，并按评标价的高低，由低到高评定出各投标的排列次序。在评标时，当出现最低评标价远远高于标底或缺乏竞争性等情况时，应废除全部投标。

2.7　编写并上报评标报告

评标工作结束后，采购企业应编写评标报告。评标报告应包括以下内容。

（1）招标通告刊登的时间、购买招标文件的单位名称。

（2）开标日期。

（3）投标商名单。

（4）投标报价以及调整后的价格，包括重大计算错误的修改。

（5）价格评比基础。

（6）评标的原则、标准和方法。

（7）授标建议。

2.8　资格后审

如果在投标前没有对投标商进行资格预审，在评标后则需要对最低评标价的投标商进行资格后审。资格后审一般有以下两种情况。

（1）如果审定结果认为某投标商有资格、有能力承担合同任务，则应把合同授予该投标商。

（2）如果认为其不符合要求，则应对下一个评标价最低的投标商进行类似的审查。

2.9　授标与合同签订

（1）合同应授予最低评标价的投标商，这一过程应在投标有效期内进行。

（2）决标后，采购企业在向中标的投标商发中标通知书时，也要通知其他没有中标的投标商，并及时退还投标保证金。

第3节　设备安装与调试

企业采购的设备到货后，要由设备管理部门、使用单位（或接收单位）进行开箱验收，检查设备在运输过程中有无损坏，然后再着手进行设备的安装和调试工作。

3.1　设备场所规划

1．布置决策

企业要想使新购置的设备能够高效率的运行，就必须要考虑设备布置问题。布置决策是指确定生产系统内各物质部分的最优安排。布置决策的一般宗旨是把设备各物质部分安排妥当，以促使工作流程或某种特殊的交通路线保持流畅。进行布置决策时，企业需要考虑以下几个方面。

（1）设备在产出与弹性等方面的目标与特性。

（2）对设备生产的产品或服务需求的估量。

（3）部门作业和流程作业的需求。

（4）设备本身的空间可行性。

2．良好布置的特点

拥有良好布置的设备场所有以下几个特点。

（1）直线形式的流程。

（2）生产时间是可预测的。

（3）少量的物料储存。

（4）开放工厂，员工都可看见工厂的作业情况。

（5）瓶颈作业得以控制。

（6）工作站彼此接近。

（7）物料的储存依序处理。

（8）必要物料可以重新处理。

（9）容易调整，容易适应环境的改变。

3．设备的基本布置形态

设备的基本布置形态有五种：产品布置、制程布置、群组技术、刚好即时布置和定点布置，具体如表6-2所示。

表6-2 设备的基本布置形态

序号	类别	具体说明
1	产品布置	产品布置也称为流程制程的布置，是一种依照产品完成的流程来安排设备的布置。若设备是为持续不断地生产某产品而设的，即可称之为生产线或装配线。 流程制程是指使主产品的生产流程更容易的一种生产系统
2	制程布置	在制程布置中，拥有类似功能的设备被归在一起，例如所有的车床被放置于一边，而所有的压铸机器被放置在另一边；零件根据所建立的作业程序在本工序做完后，再移到另一处适合作业的位置
3	群组技术	群组方法指的是将不同种类的机器放于同一个工作中心，以使加工同形状和有相同加工需要的产品可以在一起处理。这种布置与制程布置类似，每个中心都可执行某个特殊的制程；同时它也类似于产品布置，每个中心都可以用于生产某系列的产品（群组技术可用来区分进入数据中心的机器种类的零件分类和分号系统）
4	即时布置	即时布置有两种形式：一种类似于装配线和工作站制程布置的流程生产线，工作站和设备都是依序排列的；另外一种是在工作站或制程布置中将设备与频繁的物料移动联结在一起，重点在于简化材料处理和建立标准路径
5	定点布置	产品因体积或重量因素总滞留于同一地点，此时应使设备向产品移进，而非产品向设备移进

3.2 设备安装

1. 基础设备安装

（1）在制订设备布置计划时，企业可根据供货厂家指定的图纸进行规划并进行施工。施工也可由供货厂家实施，完成后由设备布置负责人确认施工结果。

（2）在设备布置之前，由于特殊情况，例如在基础螺栓等位置尚未确定却要决定设备的安装位置时，应该由设备布置负责人和供货厂家共同决定。

2. 顶部安装设备

顶部安装的设备，例如高架式输送机等，在布置设计阶段就要研究安装位置并确定托架的形状。关于托架等的安装方法，设备布置负责人可根据供货厂家提供的图纸作详细规定。

3. 地面安装设备

（1）在地面上设置的设备必须完全按照设备布置负责人决定的位置或指示进行，也就是根据布置图纸来决定设备的位置。

（2）事前能决定设备的位置时，布置图纸上需要注明设备的尺寸。

4. 通道区划

通道的区划位置通常也要标示在布置图纸上。正确的区划位置应该在这一阶段决定。在地面上作标记时，可先用彩色胶带贴出定置框，然后再用特殊涂料确定。在地面施工阶段，还要铺上瓷砖等加以区分。

5. 搬入设备的顺序

特别需要注意传送带等设备的设置，能分解拆卸搬运的除外。搬运这些设备时，一定要按照"先核心设备、后一般设备""先设备主体、后设备附件""先大后小""从上到下、从内到外"的顺序搬运，搬运完成后在图纸上确认。

3.3 设备调试与验收

1. 设备的调试

在设备的调试过程中，一般要注意以下几个要点。

（1）设备安装调试完毕后，设备验收部门主管应正式向供应商提出正式验收申请。一些贵重设备需要调试，具体测量其仪表盘能否正常工作。

（2）供应商接受正式验收申请后，应会同设备主管部门的相关人员对设备进行场地、电源、水源、光源及是否跑气、冒气、滴水、漏油等方面的测试。

（3）设备安装、调试、运行投产后，在订购合同所标注的日期内若无质量问题，使用部门和安装部门方可办理验收手续，填写如表6-3所示的"验收单"。

表6-3 设备验收单

编号：　　　　　　　　　　　　　　　　　　　　　日期：＿＿＿年＿＿月＿＿日

设备名称	规格型号	单位	数量	购价	运杂费	供应单位	质检项目			质检结果	备注
合计											

审核：　　　　　　　　复检人员：　　　　　　　　检验人员：

采购人员：　　　　　　保管人员：

2．设备的验收

新设备安装调试后，由设备管理部门组织使用车间、质检科、安装单位等部门相关人员进行验收。验收内容主要有以下几种。

（1）制造厂出厂检验精度和项目检验精度。

（2）设备的空运转、负荷试验。

（3）电气控制状况。

（4）液压装置状况。

（5）安全防护装置和环保性能。

（6）设备处理和安装正确性检查。

（7）按装箱清单清点附件、专用工具、随机备件和技术文件等。

3．设备的移交

（1）"设备移交单"送达各相关部门

经相关部门负责人签署并同意移交的"设备移交单"应分别送达各相关部门，并作为列入固定资产的凭证，以此作为办理各种业务的依据。"设备移交单"如表6-4所示。

表6-4　设备移交单

日期：＿＿＿年＿＿月＿＿日　　　　　　　　　　　　　　　　　　字第　　　号

设备编号		设备名称		型号规格			出厂日期	
制造国别		制造厂名		出厂编号			制造日期	
资金来源	更新改造（　）基建（　） 发展基金（　）技措（　）		外形尺寸 长×宽×高（米）			重量（千克）	安装日期	
							始用日期	
附属设备			附机电动机					
名称	型号规格	数量	型号	功率	用途	型号	功率	用途
检验或试车记录： 检验人　　　　　　　　　　　　月　　日					验收记录			

（续表）

设备价值	出厂价（万元）	运杂费（万元）	包装费（万元）	管理费（万元）	安装成本（万元）	其他（万元）	合计（万元）	预计使用年限（年）	调入时已使用年限（年）	调入时已提折旧（万元）	年折旧率（%）

移交部门	使用部门	管理部门	财务部门	企业设备主管批示	备注

备注：一式四份，移交、使用、管理、财务部门各一份。

（2）随机的技术文件、附件等的移交

在办理设备移交时，必须同时将如表6-5所示的"设备开箱随机备品、配件移交单"移交至设备管理部。

将各种工具、量具交工具管理部门建账后，交设备使用部门保管和使用。对于随机的测试仪器、仪表，应由仪器、仪表计量管理部门编号、建账，并开展定期计量。

表6-5 设备开箱随机备品、配件移交单

日期：_____年___月___日

设备名称		型号		规格	
资产编号		制造厂		使用车间	
投资来源		出厂年月		出厂编号	
备品、配件、附件、工具明细					
序号	名称	型号规格	数量	备注	
移交部门		设备管理部		使用部门	

备注：一式三份，移交部门、设备管理部门、使用部门各存一份。

4．设备操作规程

设备投入使用之前，主管技术人员应制定操作规程并下发至操作人员。操作规程一般应包括但不限于以下内容。

（1）对操作人员上岗人数和自身素质的要求。

（2）对操作人员的安全防护要求。

（3）设备启动、停止和运转的操作说明。

（4）夹具、工具等的使用方法，设备的润滑要求。

（5）设备的工艺参数要求（流量、压力、温度、电压、电流等）。

（6）设备的清洁要求和对使用环境的要求。

（7）设备日常点检、润滑、定期点检和换油等基准。

（8）异常情况下的紧急处理措施及方法。

学习笔记

通过学习本章内容，想必您已经有了不少学习心得，请仔细填写下来，以便继续巩固学习。

另外，请填写运用计划，以使工作与学习相结合。

如果您在学习中遇到了一些难点，也请如实写下来，以方便今后在学习中彻底解决这些难点。

我的学习心得：

1. _____
2. _____
3. _____

我的运用计划：

1. _____
2. _____
3. _____

我的学习难点：

1. _____
2. _____
3. _____

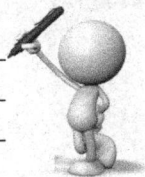

第 **7** 章

事务改善

TPM是全员参与的持久的集体活动，没有间接管理部门的支持，企业实施TPM精益化管理是不可能持续下去的。事务改善是间接管理部门的事务革新活动，活动的内容包括对生产管理事务、销售管理事务、行政后勤管理事务以及其他间接管理事务的改善。事务改善的目的是改善管理系统，消除各类管理损耗，减少间接工作人员，提高办事效率，更好地为生产活动服务。

第1节　事务改善的内容

事务改善管理对企业的发展具有重要的推动作用，企业必须找到完善事务改善管理的主要措施。事务改善管理的核心在于设置合理、有效的行政管理规章制度和组织结构，使各部门、各岗位在行政管理部门的协调下处于良好的运作状态。

1.1　间接部门损失类型

间接部门被企业视为收集、加工和提供情报的"事务工厂"。从这个角度看，间接部门同样存在着不少事务效率损失。在间接部门中，最有代表性的损失有两大类：时间损失和品质损失。

1. 时间损失

间接部门中的时间损失主要来自以下四个方面，具体如图7-1所示。

1 事务处理延误

例如，月底进行的事务处理与结果报告应该及时送达经营阶层和管理阶层，如果中间有所拖延，必然会造成行动的延迟

2 寻找文档的时间

寻找文件和档案的时间是最典型的时间损失，如果文件的管理者不在，无法迅速找到文件，很可能会耽误重要事务

3 情报信息提供延迟

任何科学决策都要建立在充分、详细的情报信息基础之上。企业高层要想正确地认识现状，必须参考适时、适量的情报，如果情报提供延误，制定的决策比对手慢一步，就可能会使企业陷入危机

4 会议的时间

最大的时间浪费往往出现在会议时间的不可控上。统计资料表明，90%以上的企业内部会议都是没有效率的

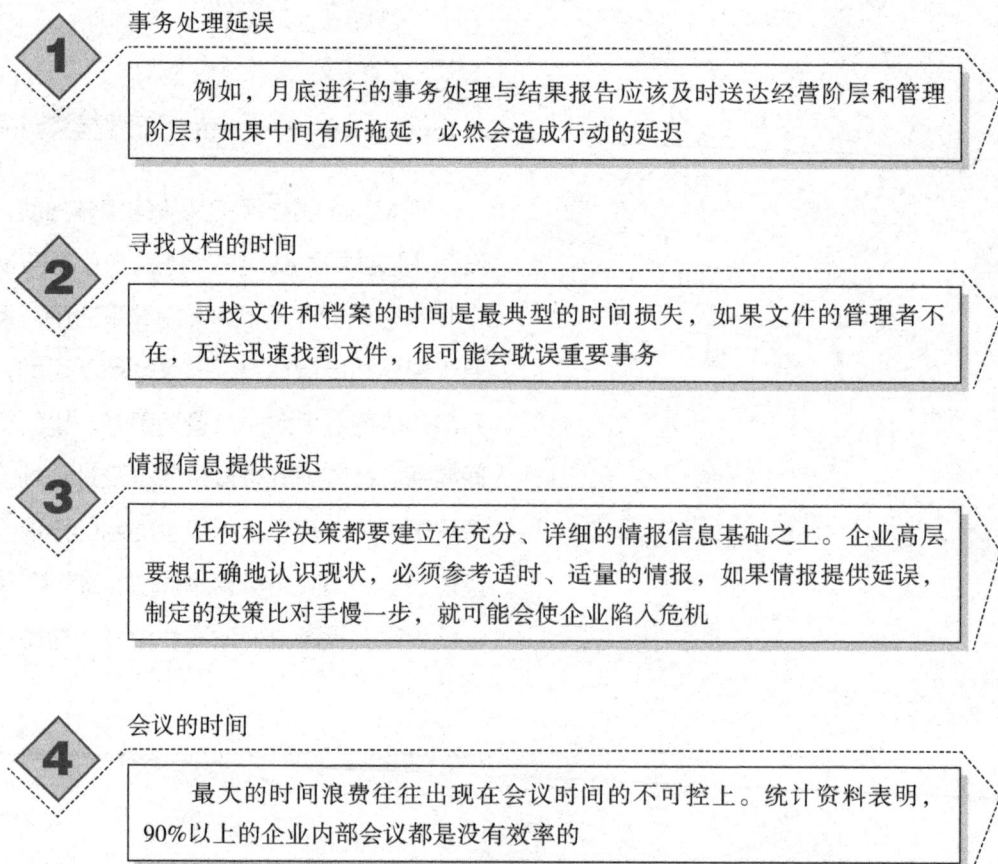

图7-1 时间损失的类型

2．品质损失

间接部门所制作的传票（计划书）、报告文件的品质对根据这些文件采取具体行动的生产部门具有很重要的意义。一旦出现文件传送错误或遗漏等情况，就很可能造成品质损失。

虽然在部门内部发现这种错误时可以重写或补足，但是已经造成了时间的损失。如果有错误的传票（计划书）流到后续流程，带来的损失可能会很大，尤其在当今信息流通速度极快的情况下，当发现错误时，资料可能已经被严重误用，由此花在补救措施上的成本往往是人工作业时期的数十倍甚至无可计数。因此，避免不良品流到后续流程是间接部门工作的基本原则。

1.2 事务改善工作的内容

企业事务改善工作主要包括以下四个方面的内容，具体如图7-2所示。

1 计划工作

确定企业事务管理的内容和目标，明确如何达到这一目标。现代企业事务管理必须具有计划性，只有做好对于工作的预测，事务改善管理工作的进行才有依据，这是企业实现事务改善管理的精益化要求，也是保证其管理作用得以发挥的重要前提

2 组织工作

企业运作依靠企业的组织结构，事务管理人员必须明确自身工作任务，并将具体的任务分配到个人

3 指挥工作

企业应采取具体措施确定员工的合作分工关系，明确其在责、权、职层面上的结构体系，以充分调动他们的工作积极性

4 控制工作

对指挥工作中的各项措施进行控制、监督和调整，通过建立监督系统、奖励机制促使其规范地执行，从而使企业事务管理工作具备合理性和有效性

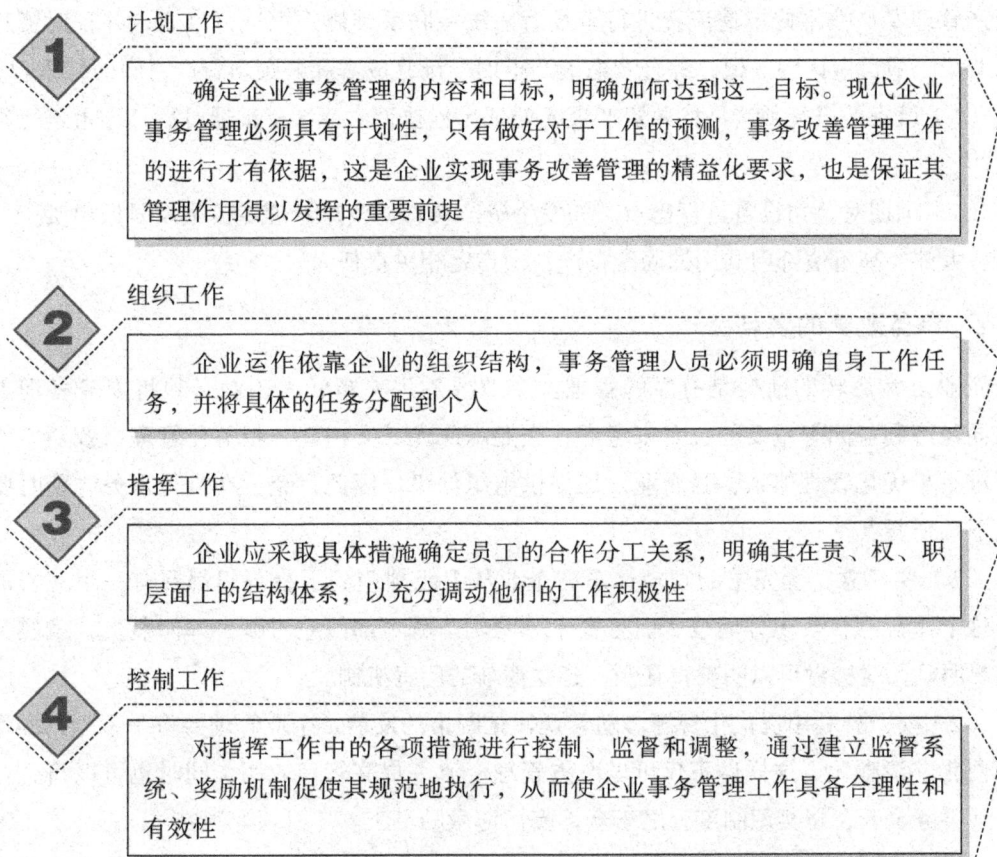

图7-2　事务改善工作的内容

1．日常事务管理费用控制

（1）明确日常办公用品的范围及其申购流程和审批流程，编制完善的入库和领用记录，分析日常需求的常用项目和基本开支，定期进行盘点和统计。

（2）制定完善的资产管理制度，严格按照资产管理制度实施管理，对公司资产进行盘点、造册，按个人和部门进行区分和统计，并强化个人使用资产的规范化、责任感。除公司资产管理专员以外，禁止公司员工私自调换个人使用资产，每位员工拥有自己的个人资产表格，由个人负责资产的保管、使用和维护。

（3）对各分公司、各项目的行政管理人员进行培训。在申报流程严格把关，坚持节约使用、循环使用的原则，尽量精简审批物品，并将其控制在制度允许范围内。特殊需求须经总经理审批。

（4）物资和设备的申购须严格按照公司资产申购流程进行审批，审批通过后由公司行政部统一购买（特殊物品须经审批通过后，由实际使用部门自行购买，但需将明细、发票提供给行政部登记造册）。

（5）设备出现故障需要维修时，应统一上报公司资产管理专员并详细说明基本情况，

由资产管理专员按维修申请流程进行审批后，统一联系维修厂家进行维修，并且对资产维修的费用、项目做详细登记，综合考虑资产折旧、维修成本和购买新资产之间的权重。

（6）设备的报废须严格按照资产报废处理流程执行，逐级审批通过后，方可进行资产报废。

（7）定期对公司设备进行盘点，如发生资产转移，资产管理专员须及时做出资产信息更新。大件、高价值部门共用的固定资产，须指定相关责任人。

2．事务改善的要点

企业正常运转的前提是有序的管理。企业要想进一步壮大，就必须将事务管理工作放在同经济利益同等重要的位置来考虑，企业高层尤其要树立"精益化管理出效益"的意识，进一步优化管理体系，为企业发展提供组织保障。因此，企业在进行事务改善时要注意以下几个要点。

（1）要建立一套完整的管理体系。企业从上级部门到下级部门都要有一个完善的流程，这个流程不仅要十分健全，而且要十分明确。哪个部门应对哪个部门负责，隶属关系一定要明确。这样做可以明确责任制，建立清晰的问责机制。

（2）要充分利用现代化资源。随着现代化网络的发展，企业管理要将一系列的操作流程简便化、清晰化，这样做不仅可以节省管理资源、提高管理效率，同时也可以将企业的一系列事务公开，将奖惩制度公之于众，真正地激励员工。

（3）事务管理必须联系企业实际，做到具体问题具体分析。每个企业都有自己的情况与特点，可以参考国内外先进企业的管理策略，但是一定要符合自身的发展情况。

1.3 事务改善制度

1．一次写成制度

在事务处理过程中，各部门需要分别填制形式不同而内容相似的同一事务处理传票，因而增加了抄录的麻烦。因此企业可以利用一次写成的制度，将所需要的各种传票合并。

一次写成的制度既有优点，又有缺点，具体如图7-3所示。

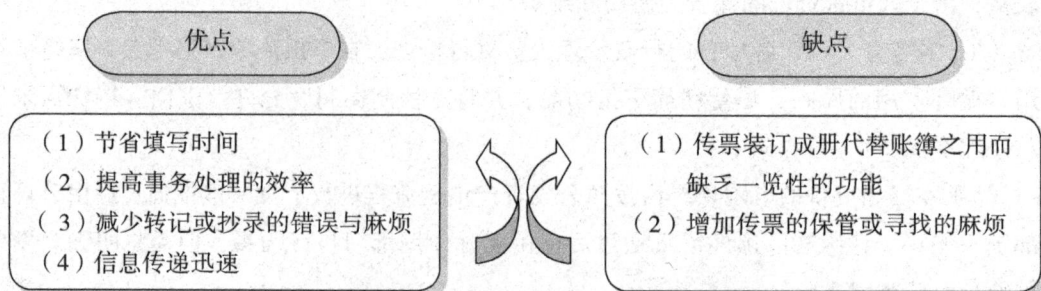

图7-3 一次写成制度的优、缺点

2．督促制度

督促制度是指对处理事务的人员在处理日会自动催促的一种方式。它可以弥补记忆力的不足。

3．查检表的应用

查核表可用作事务改善的工具，其内容一般如下。

（1）日常事务工作有无可取消之处？

（2）日常事务工作有无可合并之处？

（3）部门之间有无重复工作发生？

（4）传票或表格有无改善的余地？

（5）传票或表格是否传递过多部门？无关紧要的部门是否可取消？

（6）类似的表格是否可一次书写完成？

（7）是否可利用督促箱帮助事务工作的进行？

（8）事务处理手续可否固定化？

（8）文件表格的副本或抄本是否要求过多？

（10）签章是否过多？转记是否错误过多？

1.4　事务改善的形式

在一般企业中，事务改善可以采取两种形式：一种是事务改善，另一种是事务革新。

1．事务改善

所谓事务改善是指对现行的事务制度和事务手续进行研究和改善，以提高事务作业的效率。事务改善方法又可分为以下两种。

（1）事务作业效率个别性的提高。对个别性的事务作业适当地加以改善，设法花最少的费用获取最高效率的事务作业。例如应用计算机系统代替人工操作，或推行事务人员职能分析等。

（2）事务作业效率综合性的提高。个别事务作业常常难以划分清楚，管理者应以综合性的眼光来衡量事务作业的全系统，并设法加以改善，使事务作业的处理既迅速又经济。例如推行统一支付制度或推行事务流程及工作分配制度。

2．事务革新

事务革新的目的在于清除一些与管理目的不相符合的事务，创立一些合乎管理目的的事务，使新建立的事务制度最经济、最有效。

事务改善小组可以编制一份如表7-1所示的"事务改善案进度控制表"对所改善的事务

加以控制。

表7-1　事务改善案进度控制表

提案编号	部门	改善项目	提案日期	核准日期	试用日期	成果提报			修订记录			实施日期				负责人	跟值记录	衍生经办号码	处理结果
						日期		结果	交办号码	交办日期	结果	旧案使用		新案使用					
						预定	实际					预定	实际	预定	实际				

1.5　事务改善的步骤

事务改善小组具备越多的知识、技术和方法，对事务改善越有利。若事务改善小组的知识和技能不足，则"事务改善"立意虽好，却无法获得良好的效果，浪费企业资源。优良的事务改善小组应具备事务管理理论与经验和调查分析的技术，掌握原有的作业技术，并且有洞察能力，有了这些能力，只要依照一定的步骤推行事务改善，就能够达成改善目标。一般而言，事务改善有以下几个步骤。

1．把握现状

在合理的事务改善过程中，把握现状包括两项内容：一为现状观察，二为拟订计划。一方面从对现状的观察中了解目前事务作业的情况，另一方面拟订调查计划，以进一步发现原有事务作业中存在的问题。

没有事务作业经验或对事务作业现状没有仔细观察的人往往凭想象推行事务改善，结果却阻碍了事务作业的进行。所以，不管在哪一部门推行事务改善，事务改善小组必先对该部门原有事务作业现状进行充分了解，只有了解现状后才能从中发现问题点。此外，事务改善小组也可以通过调查了解事务作业现状。在调查事务作业现状之前，事务改善小组应拟订调查计划，例如确定要收集的资料、资料收集的对象和数据收集的方法。

2．发现问题

现状调查的目的在于了解目前事务处理的情况。将调查所得到的数据与事务管理理论相互比较，就可以发现目前事务作业不合理的问题点。事务作业现状调查的方法很多，常用的有以下几种。

（1）通盘调查法。

（2）事务流程分析法。

（3）职务分担分析法。

（4）事务作业研究法。

3．改善方案的拟定

改善方案的拟定包括改善方案的制定与改善方案的修正。前者只是寻找最佳的可行改善方案；后者是根据后来事务作业的实际情况而对"最佳可行方案"加以修正。

找出目前事务作业的问题点并加以检讨后，便可以制定可行的改善方案。企业可以从所有方案当中再挑选出最有利的改善方案，然后付诸实施。小的改善方案可以是对表格的改善，大的改善方案可以是对整个事务管理制度的改良。

最佳改善方案在付诸实施时，有时因事务作业的实际情况或其他原因已非尽善尽美，这时企业必须对"最佳改善方案"加以修正，使改善方案更趋完美。

4．改善方案的实施

改善方案的实施能否成功要看实施前的准备是否允分。在为实施改善方案做准备时，企业应考虑以下事项：

（1）事务改善的时机是否已经成熟

在实施改善方案之前，事务改善小组应该充分分析改善方案的益处以获取最高决策层的核准与有力的支持，然后设法让实际推行单位及相关单位理解。改善方案的实施由事务改善小组负责推动，但最主要的还是实际推行单位的配合。如何使推行单位同心协力是事务改善方案能否成功的关键所在。

（2）人员准备是否充足

事务改善方案由事务改善小组负责推动。事务改善小组应对事务推行单位的人员进行培训，帮助他们在心理上或事务改善技巧上有所准备。

（3）表格或账票的准备是否充分

在推行事务改善方案时，要采用哪些新表格或新账票，继续沿用哪些旧表格或账票，废弃使用哪些旧表格或账票，这些都应事先准备妥善。

（4）事务机器的准备与操作人员的培训

设备到底要购买还是要租借？这需要用经济观点决定。设备准备妥善后，事务改善小组要培训操作人员如何使用。

（5）改善试行阶段的调整

事务改善方案应该设有3～6个月的试行期，因为通常在更换制度期间会发现意想不到、不妥当的地方。若发现有不妥当的地方应立即修正，然后再根据修正后的改善方案，逐步实施事务改善。

5．实施后的评价

事务改善方案必然有许多优点，但是方案实施之后，这些优点是否能够全部表现出来呢？企业应对新方案实施的前、后情形加以比较。

（1）新方案实施之后能否节省事务作业时间？能节省多少？

（2）新方案实施之后能否提高事务作业效率？能提高多少？

（3）新方案实施之后能否降低事务作业成本？能降低多少？

如果方案的效果有所降低，事务改善小组应该设法提出其他改善方案，继续进行事务改善。

第2节　改善提案活动

改善提案活动通常作为TPM活动的一部分，与整体TPM活动同时进行，但很多企业会将改善提案活动单独开展，以便更有针对性地改善设备管理水平。

2.1　了解改善提案活动

1．改善提案活动的作用

改善提案活动有以下四个作用。

（1）培养员工的问题意识和改善意识，提高员工发现问题、解决问题的能力以及技能水平，改善员工精神面貌，创建积极进取、文明健康的企业文化。

（2）改善员工工作环境，提高员工满意度。

（3）改善设备的运行条件，提高设备运行效率。

（4）培养员工从细微处着眼消除各种浪费、损耗现象的能力，降低成本，提高效率。

2．改善提案活动的特点

改善提案活动的特点如下。

（1）拥有制度化的奖励措施。

（2）鼓励改善提案的自主实施。

（3）不限定提案内容。

（4）提案格式标准化。

（5）提案活动不是片面地追求所谓的经济利益。

3. 改善提案活动的要求

企业坚持开展改善提案活动，可以培养自主、积极进取的员工，塑造积极向上的企业文化。改善提案活动的具体要求如下：

（1）尽量不拒绝任何提案

任何提案，只要有积极意义，企业都应受理并给予评价和奖励，长期坚持这样做才能有效地保持员工提案的积极性。

（2）积极鼓励先进

在任何一个TPM活动中，企业都要坚持以表扬为主的原则，让员工从表扬中体会到参与的成就感和乐趣，以便后进员工学习和仿效。

（3）按规定进行评价和奖励

评价奖励工作要及时，不能拖拉。事先在奖励制度中约定的奖金一定要及时兑现，不能以任何形式和理由克扣或延迟发放奖金。

2.2 实施改善提案活动

1. 树立对改善提案活动的正确认识

企业应采取措施帮助员工树立对改善提案活动的正确认识。

（1）鼓励全体人员积极提出提案。只要是有益的，再小的提案都是可取、可喜的。员工提出的提案数量越多，说明员工对企业存在的问题越关注。

（2）写提案不会影响正常工作。提案并不是随笔就能写好的，它需要员工了解和熟悉工作，有很强的观察事物和发现问题的能力，还需要有很强的责任心。

2. 为改善提案活动宣传造势

在改善活动推行之前，企业可以进行宣传造势，具体措施如下。

（1）用宣传栏、宣传手册、宣传画、范例讲解等形式进行宣传教育。

（2）设置改善提案看板，将改善提案的相关信息刊登在看板上，使各级员工明确了解。

（3）制造推行气氛：各单位组织讨论或举办知识问答赛等。

（4）总经理在员工大会上宣布提案委员会的成立并强调提案的重要性，引起员工重视。

（5）总经理参与颁奖并经常过问活动推进情况。

3. 掌握改善提案活动的要点

企业开展改善提案活动需要掌握以下要点。

（1）提前编制好"提案书"，让员工按要求进行提案的编写。"提案书"如表7-2所示。

表7-2　提案书

提案题目					
提案人		所属部门		提案日期	
提案内容概述：					
陈述问题：					
分析原因：					
对策建议：					

（2）定期召开提案推进会议，制定提案管理制度，及时处理存在的问题。

（3）经常进行技术和管理培训，提高员工素质。

（4）定期向总经理汇报提案推进情况。

（5）选择重点、优秀的提案在全企业范围发表，鼓励员工多写提案。

（6）公布评分办法。

4．积极开展各类评比和展示活动

随着活动的推进，开展各类评比和展示活动是很有必要的，原因如下。

（1）做好评比和展示工作可以营造一种良好的、热烈的改善氛围。

（2）让员工从中体验到成就感。

（3）为员工提供一个相互学习和借鉴的机会。

（4）改善企业面貌，展示企业积极向上的氛围。

5. 明确提案效果核算标准

制定统一的提案等级评价基准是做好等级评价工作的前提条件。提案效果核算标准包括如表7-3所示的两方面内容。

表7-3 提案效果核算标准

序号	类别	具体说明
1	有形效果的核算标准	企业有必要制作一份统一的改善效果（有形效果）核算基准。这一基准需要覆盖对成本或效率产生影响的一些主要项目，主要包括设备投资及折旧费用，材料、零件、产品损耗费用等
2	无形效果的核算标准	有形效果是可以量化的，无形效果的评价基准比较难以确定，多数情况下要靠主观判断来决定。为了使各部门能较有效、客观地评判提案效果，企业可以规定在涉及较高级别的评价时，需要通过讨论的形式决定提案的级别

6. 确定奖励金额标准

对改善提案的提案人实施奖励（物质和精神）是激发全体员工参与此项活动的最根本的措施，具体的奖励标准如表7-4所示。

表7-4 奖励金额标准

序号	类别	具体说明
1	物质奖励标准	物质奖励一般分为现金奖励和实物奖励两种，大部分企业以现金奖励为主。对各个级别的提案应发放多少奖金，企业要根据奖金预算（财务部门或企业高层管理者认可的预算额度）来决定
2	精神奖励标准	除了物质奖励之外，企业可以辅之以精神鼓励，例如颁发月度、季度、年度冠军奖状或锦旗，还可以通过评选提案之星来鼓励员工积极提案

第3节 设备备件管理

备件的库存管理是一项复杂而细致的工作，是事务管理工作的重要组成部分。备件在入库建账后应当由备件管理人员按照相应程序和相关制度认真保存、精心维护，以保证备件库存质量，同时企业应制定一些规章制度，对备件的出入库相关事项进行说明。

企业管理者可以通过对备件发放动态信息的统计和分析掌握备件的消耗规律，逐步修正储备定额，合理储备备件。这也对及时处理备件积压、加速资金周转起着重要作用。

3.1 备件管理流程

1. 备件入库

仓管人员必须按以下要求对入库备件逐件进行核对与验收。

（1）入库备件必须符合申请计划和生产计划中规定的数量、品种和规格。

（2）要查验入库备件的合格证明，并做适当的质量抽验。

（3）备件入库必须由入库人员填写"入库单"，并经仓管人员核查。

（4）备件入库上架时要做好涂油、防锈等保养工作。

（5）备件入库要及时登记，挂上标签（或卡片），并按用途（使用对象）分类存放。

2. 备件保管

（1）入库备件要由仓管人员保存和维护，仓管人员要做到备件不丢失、不损坏、不变形变质，并且账物一致、码放整齐（三清、两齐、三一致、四号定位、五五码放）。

（2）仓管人员应定期对备件进行涂油、保管和检查。

（3）仓管人员应定期盘点备件，并编制"通用备件存量管理卡"，随时向相关人员反映备件动态。"通用备件存量管理卡"如表7-5所示。

表7-5 通用备件存量管理卡

备件名称		规格型号		供应商	
购货前置时间		最高存量		最低存量	
日期	入库	出库	结存	备注	

3. 备件发放

（1）发放备件须凭领料票据。不同的备件，企业要拟定相应的领用办法和审批手续。

（2）备件领出要办理相应的财务手续。

（3）备件发出后要及时登记、销账和减卡。

（4）有回收利用价值的备件，应以旧换新，并制定相应的管理办法。

4．备件处理

（1）由于设备外调、改造、报废或其他客观原因而出现的不再需要的备件，要及时按要求销售或作处理。

（2）因图纸、工艺技术错误或保管不善而造成的废品备件，要查明原因，提出防范措施和处理意见，并报请主管领导审批。

（3）报废或调出备件必须按要求办理手续。

3.2　备件库的类型及要求

由于生产规模、管理机构设置、生产方式、备件供应情况以及拥有备件的品种和数量的不同，企业备件库的类型也有所不同。不同类型的备件库，管理要求也不相同。

1．备件库的类型

备件库的类型如表7-6所示。

表7-6　备件库的类型

序号	类别	具体说明
1	综合备件库	综合备件库将所有维修用的备件，例如机床备件、电器备件、液压元件、橡胶密封件及动力设备用备件集中统一管理，避免了备件分库存放，对统一备件计划较为有利
2	机械备件库	机械备件库管理机械备件（齿轮、轴、丝杆等机械零件）和修理中常需更换的轴承、密封件、电器等零件，维修人员需到供应部门领取
3	贵重备件库	一些贵重的备件应设置专用的库房严密保管，并且需要用较小的箱子保管，以避免损伤
4	电器备件库	电器备件库储备设备维修用的电工产品、电器电子元件等。储备的品种视具体情况而定，多数企业一般不单独设电器备件库，而由生产部门管理
5	毛坯备件库	毛坯备件库主要储备复杂铸件、锻件和其他有色金属毛坯件，目的是缩短备件的加工周期，以适应修理的需要。如果只有少数毛坯备件，一般可不设毛坯备件库而由材料库兼管
6	通用备件库	通用备件库可以集中存放一些通用的设备备件，也需要对它们的出入库、库存量等做好记录

2．备件库的要求

备件库房的建设应符合备件的储备特点。备件库房应满足以下条件。

（1）备件库的管理标准应高于一般材料库房的管理标准，要求库房干燥、防腐蚀、通风、明亮、无灰尘，有防火设施。

（2）备件库房的建造面积一般应达到每个修理复杂系数（包括机械、电器）0.02~0.04平方米。

（3）库房需配备存放各种备件的专用货架和一般的计量检验工具，例如磅秤、卡尺、钢尺、拆箱工具等。

（4）库房需配备存放文件、账卡、备件图册、备件订货目录等资料的资料柜。

（5）库房需配备简单的运输工具，例如脚踏三轮车等，以及防锈去污的物料，例如器皿、棉纱、机油、防锈油、电炉等。

（6）比较零散的备件应设置专用的存放装置储存。

3.3 备件资料管理

1．技术资料的内容

通过积累、补充和完善备件的技术资料，企业可以掌握备件需求，预测备件消耗量，确定比较合理的备件储备定额、储备形式，为备件的生产、采购和库存提供科学、合理的依据。备件技术资料的具体内容可参照范本7-01所列的内容。

【范本7-01】备件技术资料表

备件技术资料表

类别	名称和内容	资料来源	备注
（1）备件图册 （2）维修图册	（1）机械备件零件图 （2）主要部件装配图 （3）传动系统图 （4）液压系统图 （5）轴承位置分布图 （6）电气系统图	（1）向制造厂索取 （2）自行测绘 （3）设备使用说明书中的易损件图或零件图 （4）向描图厂购买 （5）机械行业编制的备件图册 （6）向兄弟单位借用	（1）外来资料应与实物进行校核 （2）编制图册的图纸应在图纸适当位置标出原厂图号
备件卡片	（1）机械备件卡（自制备件卡、外购备件卡）	（1）机械行业相关技术资料 （2）向兄弟单位借用	

（续表）

类别	名称和内容	资料来源	备注
备件卡片	（2）轴承卡 （3）液压元件卡 （4）皮带链条卡 （5）电器备件卡等	（3）自行测绘、编制	
备件统计表	（1）备件型号、规格统计表 （2）备件类别汇总表	（1）备件卡 （2）备件图册 （3）设备说明书 （4）同行业互相交流 （5）设备台账 （6）机械行业相关资料 （7）备件位置信息	

2．备件表格的编制

企业应根据各种技术资料的具体内容编制各种备件的管理表格。

（1）专用备件资料卡

"专用备件资料卡"如表7-7所示。

表7-7　专用备件资料卡

机器名称		规格型号		台数	
项次	备件名称	规格型号	单位使用时间	经验存量	备注
1					
2					
3					
4					
5					
6					
7					
...					

（2）设备备件明细账

"设备备件明细账"如表7-8所示。

表7-8　设备备件明细账

备件类别：（通用、专用）

专用设备名称：

专用设备编号：　　　　　　　　　　　　　　　　　　　　页次：

年		摘要	单位	借方	贷方	结存
月	日					

（3）设备备件台账

"设备备件台账"如表7-9所示。

表7-9　设备备件台账

设备编号		设备名称		设备型号（规格）		制造厂商	
图号	备件名称	规格	材质	单位	数量	单价	寿命	备注

学 习 笔 记

通过学习本章内容，想必您已经有了不少学习心得，请仔细填写下来，以便继续巩固学习。

另外，请填写运用计划，以使工作与学习相结合。

如果您在学习中遇到了一些难点，也请如实写下来，以方便今后在学习中彻底解决这些难点。

我的学习心得：

1. _____
2. _____
3. _____

我的运用计划：

1. _____
2. _____
3. _____

我的学习难点：

1. _____
2. _____
3. _____

第 8 章

环境改善

环境改善就是通过实施5S等活动使操作环境良好，确保生产活动的安全，消除困难作业、危险作业以及任何可能引发灾害的隐患，创造适合人和设备工作的良好环境。企业应全面开展环境保护活动，杜绝污染，减少废弃物，节能降耗，并开展资源再利用。

第1节　5S改善管理

5S是指整理、整顿、清扫、清洁和素养，是一种常见的生产及设备管理方法。通过5S管理，可以清除设备污迹、明确设备摆放位置、加强设备保养，确保设备能够长期正常运转。

1.1　设备的整理

整理就是将工作场所中的设备清楚地区分为需要与不需要两类，需要的，加以妥善的保管；不需要的，则进行相应的处理。

1. 整理的目的

（1）腾出空间，改善和增加作业面积

有时会有一些不用的、报废的设备滞留在生产现场，它们既占据现场的空间，又可能会阻碍现场的生产。因此，必须将它们从生产现场整理出来，以便留给作业人员更多的作业空间。

（2）消除混放、混料等差错事故

在未经整理的工作现场，各类大大小小的设备杂乱无章地堆放在一起，这会给管理带来难度，很容易造成工作上的差错。

（3）减少磕碰机会，提高产品质量

长时间不清理的现场通常是管理的死角，也是灰尘的堆场，在一些对无尘要求相当高的企业，这种情况将直接影响产品的质量，而通过整理就可以把这一因素消除。

2. 区分必需设备与非必需设备

（1）必需与非必需的基准

在实施整理的过程中，对必需设备与非必需设备必须制定相应的判别基准。真正必需的设备包括可以正常使用的设备，例如电气装置、推车、拖车、堆高机等；非必需的设备主要是指那些不能使用或不再使用的设备。

（2）保管场所的基准

企业可以根据设备的使用次数、使用频率来判定其应放置的适当场所，并编制出"保管场所分析表"，如表8-1所示。

表8-1　保管场所分析表

序号	设备名称	使用频率	归类	是必需设备还是非必需设备	建议场所
1		1年没用过1次			
2		也许要用			
3		3个月用1次			
4		1星期用1次			
5		3天用1次			
6		每天都用			

3. 处理非必需设备

（1）改用。将设备改用于其他项目，或转交给其他需要的部门。

（2）修理、修复。对故障设备进行修理、修复，以恢复其使用价值。

（3）作价卖掉。由于销售、生产计划或产品规格变更，设备不再实用，可以考虑与供应商协商退货，或者（以较低的价格）卖掉，回收货款。

（4）废弃处理。那些实在无法发掘其使用价值的设备必须及时实施废弃处理。处理时要注意不得污染环境。

4. 建立一套非必需设备废弃程序

为维持整理活动的成果，企业应建立一套对非必需设备实施废弃申请、判断及后续管理的程序。一般来说，该程序须包括以下内容：

（1）设备所在部门填写如表8-2所示的"设备废弃申请单"，提出废弃申请。

（2）技术或主管部门确认设备的利用价值。

（3）相关部门确认设备可被再利用的可能性。

（4）财务等部门确认。

（5）高层负责人作最终的废弃处理决定。

（6）由指定部门实施废弃处理，填写废弃单，保留废弃单据备查。

（7）由财务部门做账面销账处理。

表8-2　设备废弃申请单

申请部门			设备名称	
设备编号			设备型号	
废弃理由			购买日期	
可否再利用	类别	判定部门	判定	负责人签字
			□可　□不可	
其他判断			□可　□不可	
认可	□废弃	□其他处理	总经理	

1.2　设备的整顿

整顿就是将整理后留下来的必需品或所腾出来的空间作一个整体性的规划，以提高设备的使用效率。

1．常用整顿方法

常用的整顿方法如表8-3所示。

表8-3　常用的整顿方法

序号	类别	具体说明
1	全格法	依设备的形状用线条划分，例如小型空压机、台车和铲车一般用黄线或白线将其所在区域划分出来
2	直角法	只设定出设备关键角落，例如对于小型工作台和办公桌，可以在四角处用油漆画出定位框或用彩色胶带贴出定置框

2．设备的整顿要点

（1）设备旁必须挂有"设备操作规程"和"设备操作注意事项"等，设备的维修保养也应该做好相关记录。这不但能给员工提供正确的操作指导，也可为前来考察的客户树立对企业的信心。

（2）相邻设备的摆放距离不宜太近。近距离摆放虽然可以节省空间，设备却难以清扫和检修，而且可能还会因为相互影响操作而导致意外。如果空间有限，首先应考虑整理是否做得不够彻底，再考虑设备是否有整顿不合理的地方。

（3）把一些容易相互影响操作的设备与一些不易相互影响操作的设备作合理的位置调整。可以在设备下面加装滚轮，这样便可轻松地将设备推出来进行清扫和检修。

（4）将一些电子设备的附件，例如鼠标等进行形迹定位，方便操作。

1.3 工具的整顿

1．工具等频繁使用物品的整顿

对于频繁使用的物品，操作人员应给予重视并遵守"使用前立即取得，使用后立刻归位"的原则。

（1）应充分考虑能否尽量减少作业工具的种类和数量，例如可以利用油压、磁性、卡标等代替螺丝，使用标准件，将螺丝共通化等。

（2）将工具放置在作业环节最接近的地方，避免取用和归位时过多的步行和弯腰。

（3）对需要不断地取用、归位的工具，最好用吊挂式或放置在双手展开的最大极限之内。如果采用插入式或吊挂式归还原位，也要尽量使插入距离最短，挂放方便又安全。

（4）要使工具准确归还原位，最好以复印图、颜色、特别记号、嵌入式凹模等方法进行定位。

工具最好能够按需要分类管理，例如平时使用的锤子、铁钳、扳手等工具，可列入常用工具，集中共同使用；个人常用的可以随身携带；专用工具则应独立配套。

2．切削类工具的整顿

这类工具需重复使用，且搬动时容易发生损坏，在整顿时应格外小心：

（1）先确定必需的最少数量，将多余的收起来集中管理。经常使用的应由个人保存；不常用的，可以存放于磨刀房等处。

（2）刀具在存放时要方向一致，以直放为宜，最好能采用分格保管或波浪板保管，且避免堆压。

（3）可利用插孔式的方法，将每支刀具分别插入与其大小相适应的孔内，这样可以对刀锋加以防护，并且节省存放空间，且不会放错位。

（4）对于片状锯片等刀具可按类型、大小、用途等叠挂起来，并勾画形迹，易于归位。

（5）可以在抽屉或容器底层铺上易吸油类的绒布用于防锈。

要点提示

（1）在进行整顿前，一定要先关上设备的电源，确保安全第一。

（2）设备不能靠得太近，以留有适当的操作空间。

（3）对于一些难以移动的重型设备，可以考虑为其安装轮子等。

1.4 设备的清扫

将设备内部和外部清扫干净，并保持现场干净整洁，有利于改善员工的心情，保证产品的品质，减少设备的故障。

1. 清扫前的准备

（1）安全教育

企业应对员工做好安全教育，对可能发生的事故（触电、刮伤、碰伤、洗涤剂腐蚀、坠落砸伤、灼伤等）进行预防和警示。

（2）设备常识培训

企业应对员工就设备老化、设备故障、减少人为劣化因素的方法、减少损失的方法等进行培训，帮助员工通过了解设备基本构造及其工作原理，能够分析出出现尘垢、漏油、漏气、震动等异常状况的原因。

（3）技术准备

技术准备是指企业在清扫设备前应编制相关的作业指导书和表格，明确清扫工具、清扫重点、加油润滑的基本要求、螺丝钉卸除和紧固的方法及具体顺序步骤等。其中，要明确清扫重点，可以编制"清扫重点检查表"。

下面提供一份某企业的"清扫重点检查表"的范本，供读者参考。

【范本8-01】清扫重点检查表

清扫重点检查表

方法	重点	是	否	备注
用眼睛看	1. 压力表位置是否容易点检			
	2. 压力表的正常值是否容易判读			
	3. 油量计位值是否适当			
	4. 油面窗是否干净			
	5. 油量是否处于正常范围内			
	6. 油的颜色是否正常			
	7. 给油口的盖子是否锁紧			
	8. 油槽各部位是否存在可让灰尘跑进去的空隙			
	9. 给油口盖子的通气孔是否堵塞			
	10. V形皮带装置数量是否正确			
	11. V形皮带装置形式是否正确			
	12. 皮带是否固定牢固、不振动			
	13. 皮带及皮带轮的安全盖是否透明且容易点检			
	14. 皮带及皮带轮是否正常、无倾斜			
	15. 马达及减速器的连轴器是否正常无损耗			
	16. 马达及减速器是否调整正确			
	17. 减速器的润滑油是否干净、未被污染（如水分、金属、油泥等）			
	18. 马达的冷却风扇是否干净、无灰尘			
	19. 吸气过滤器的滤网是否干净			
用耳朵听	1. 马达帮浦是否有异音			
	2. 皮带、链条是否有滑动声			
	3. 设备是否会发出奇怪的声音			
用鼻子闻	气门阀运作时，是否有异味产生			
用手摸	1. 马达帮浦外表是否有异常的发热现象			
	2. 马达帮浦是否有振动、转动不匀的现象			

方法	重点	是	否	备注
用手摸	（以下各项均须关掉设备电源进行点检）			
	3. 马达及各处的安全盖是否松动			
	4. 皮带的张力是否不足			
	5. 各部螺丝是否有松动的情况			
	6. 各处配管是否有交叉接触现象			
	7. 各处配管是否有摩擦而致破损的情况			
	8. 设备各部是否有漏水的情况			
	9. 设备各部是否有漏油的情况			
	10. 若有漏油、漏水的情况，将设备擦干净后再查看漏水（油）的情况是否严重			

2．实施清扫

（1）不仅清扫设备本身，其周围环境、附属、辅助设备也要清扫。

（2）对容易发生跑、冒、滴、漏的部位要重点检查确认，并将漏出的油渍清洗干净。

（3）油管、气管、空气压缩机等看不到的内部结构要特别留心。

（4）核查并清除注油口周围的污垢和锈迹。

（5）核查并清除设备表面的磨损、污垢和异物。

（6）检查操作部分、旋转部分和螺丝连接部分有无松动与磨损情况，若有，则通知设备管理部处理。

（7）每完成一台设备的清扫工作之后，需由清扫人员自行检查，确保设备干净整洁。

1.5 设备的清洁

清洁就是保持设备在清扫后的状态，将前3S（整理、整顿、清扫）规范化，并贯彻执行及维持成果。

1．编制设备的现场工作规范

编制设备的现场工作规范能够巩固前3S的成果，并将其制度化。在编制设备的现场工作规范时，企业要组织技术骨干，包括设备部门、车间、维护组、一线生产技术的骨干，选择典型设备、典型生产线和典型管理过程进行攻关，通过选人、选点、选项、选时、选标、选班、选路，制定适合设备现状的操作、清扫、点检、保养和润滑规范以及工作流程。如果在清洁检查中发现异常，而操作人员自己无法处理时，要通过一定的反馈途径，将发现的故障隐患及时报告到下一环节，直到把异常状况处理完毕为止。

然后再将典型设备、典型生产线和典型管理过程的成功经验逐步推广到企业的所有设备和管理过程，最终达到台台设备有规范，各个环节有规范。

要使设备工作规范做到文件化和可操作化，最好用可视板、图解的方式加以宣传与提示。

2．开展5分钟3S活动

企业应积极开展5分钟3S活动，鼓励员工在每天工作结束之后，用5分钟时间对自己的工作范围进行整理、整顿、清扫。以下是5分钟3S的必做项目：

（1）整理工作台面，将材料、工具、文件等放回规定位置。

（2）清洗次日要用的换洗品，例如抹布、过滤网、搬运箱等。

（3）清扫设备，并检查设备的运行情况。

（4）清倒工作垃圾。

1.6　员工的素养

开展素养活动的目的是使员工时刻牢记5S规范，并自觉地贯彻执行，避免5S活动流于形式。

1．提高员工素养

除规范设备日常使用及做好设备管理工作，企业还要从思想和技术上提高人员的素养。

（1）养成良好的工作习惯

良好的工作习惯首先体现在正确的工作态度上，所以企业应帮助员工破除"操作人员只管操作，不管维修；维修人员只管维修，不管操作"的意识。

操作人员要主动打扫设备卫生并参加设备故障排除工作，把设备的点检、保养、润滑工作结合起来，实现在清扫的同时，积极对设备进行检查维护以改善设备状况的工作目标。设备维护修理人员要认真监督、检查和指导使用人员正确地使用、维护和保养设备。

（2）人员的技术培训

企业应对设备操作人员进行技术培训，使每位操作人员真正达到"三好四会"。"三好"即管好、用好、修好；"四会"即会使用、会保养、会检查、会排除故障。

2．定期考核评估

（1）对设备管理工作进行量化考核和持续改进

在5S管理中，企业要想实现提高员工技术素养、改善企业工作环境、有效开展设备管理的各项工作，要靠组织管理、规章制度，以及持续有效的检查、评估和考核来保证。

企业应对比和统计开展5S前后产生的效益，让管理者和员工看到变化与效益，并制定各个阶段更高的目标，做到持续改进，从而真正调动全员的积极性，将"要我开展5S管理"变为"我要开展5S管理"，避免出现"一紧、二松、三垮台、四重来"的现象。

对比和统计应围绕生产率、质量、成本、安全环境、劳动情绪等进行，考核的指标主要有规范化作业情况、能源消耗、备件消耗、事故率、故障率、维修费用和废品率等。

企业应根据统计数据，以一年为周期，不断制定新的发展目标，实行目标管理。在实施过程中，要建立设备主管部门、车间、工段班组、维护组、操作人员等多个环节互相协助、交叉的检查考核体系，同时应确保考核结果与员工的奖酬、激励和晋升相结合。

（2）5S的评估

设备5S评估是对5S活动的定期总结，有利于企业发现不足并持续改善。5S评估可采用范本8-02的形式进行。

【范本8-02】设备5S评估表

设备5S评估表

第一步骤（不正常部位的发现）		所属单位	部　　班
		评估人	

项目	评估重点	得分	小计
传动部	1．减速机的油液面标示是否清楚		
	2．马达、减速机、皮带、链条、电磁离合器等是否有异常声音		
	3．安全护盖是否安装牢固		
	4．皮带张力是否设定		
	5．马达空间冷却风扇是否积存污垢		
油、空压	1．泵、电磁阀、接头等处是否漏油		
	2．压力表是否正确显示数值并可正常归零		
	3．给油口的封盖是否栓紧		
	4．空压3点组合、定位是否适当并正确使用		
	5．配管、固定夹是否有松脱现象		
电气	1．电压、电流表示的界限数值是否正确		
	2．照明类灯管是否不亮，灯罩有无不良现象		
	3．极限开关、光电开关、近接开关是否沾有水、油、粉尘		
	4．是否存在机器破损或安装不良（松动）现象		
	5．配线、配管、软管有无松脱		

（续表）

项目	评估重点	得分	小计
螺丝、螺帽	1. 是否有松动（适当锁紧：M10-280千克/厘米）		
	2. 安装孔的附近是否放置有螺丝或螺帽（马达、减速机、汽缸、轴承、电磁阀、极限开关等）		
	3. 螺丝的长度是否超出螺帽2~3个螺牙度		
	4. 调整螺丝的固定螺帽是否有松动现象		
	5. 会产生振动的部件是否使用齿形垫圈		
评定：好——5分，普通——3分，差——1分		总分	

第2节 目视管理

目视管理是利用形象直观、色彩适宜的各种视觉信息和感知信息组织现场生产活动，达到提高劳动生产率的一种管理方式。目视管理是能看得见的管理，能够帮助员工用眼看出工作的进展是否正常，并迅速地作出判断和决策。在现场巡视时，现场管理人员可以通过目视化工具了解同类型设备的运行速度或不同时段同一台设备的运行速度是否有异常情况，掌握人机稼动、物品流动等是否合理、均一。

2.1 目视管理的手段

对于设备故障、停机原因等情况，企业可以使用目视管理的手段和工具对其进行预防管理，帮助任何人都能了解设备运行的状态，即便是新进员工也能很快缩小作业的品质差异。具体来说，目视管理主要有以下几种手段。

1. 设备定置管理

设备定置管理以生产现场的设备为主要对象，研究和分析人、物、场所的情况以及它们之间的关系，并通过整理、整顿、改善生产现场条件，促进人、机器、原材料、制度和环境有机结合的一种方法。设备定置管理主要有如图8-1所示的三个方面的内容。

1 区域定置

A类区：放置A类物品。例如在用的工、卡、量、辅具，正在加工、交检的
　　　产品，正在装配的零部件等
B类区：放置B类物品。例如计划内投料毛坯，待周转的半成品，待入库
　　　件，待料，临时停滞料（因工艺变更）等
C类区：放置C类物品。例如废品、垃圾、料头和废料等

2 设备、工装的定置

（1）根据设备管理要求，对设备划分类型（精密、大型、稀有、关键、重
　　　点等设备）并进行分类管理
（2）按照工艺流程，将设备合理定置
（3）合理定置设备附件、备件、易损件、工装，并加强管理

3 作业人员定置

（1）人员实行机台（工序）定位
（2）某台设备、某工序缺少作业人员时，调整操作者的原则是保证生产不
　　　间断
（3）培养多面手，鼓励员工一专多能

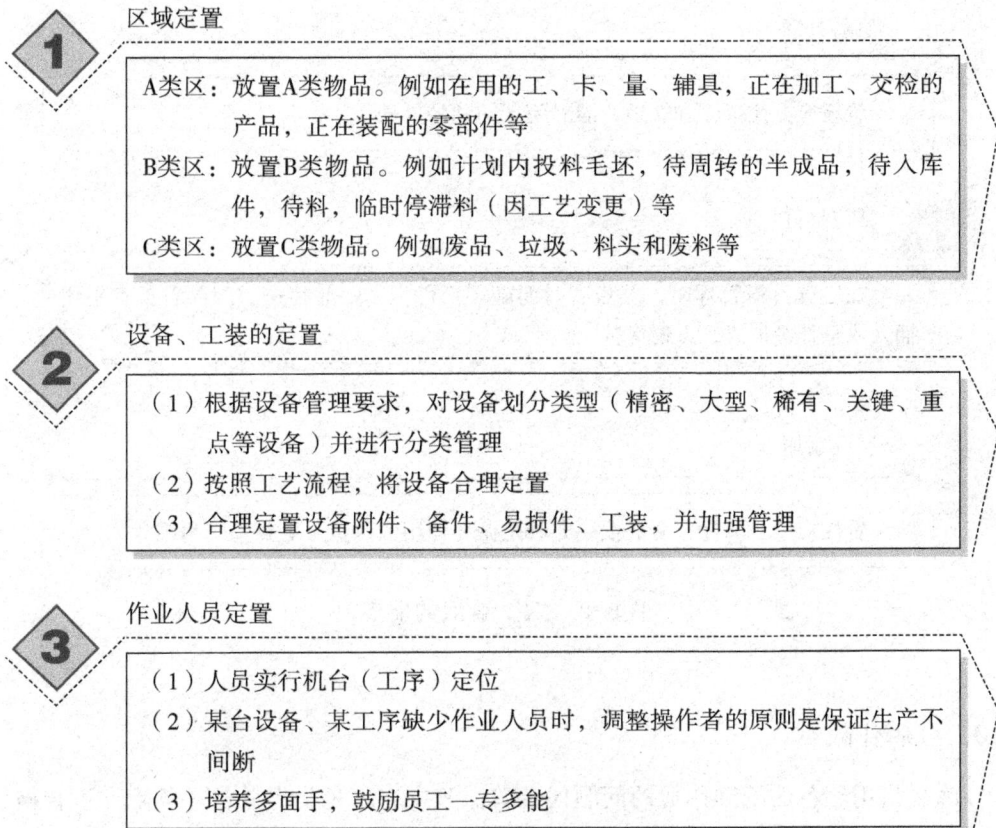

图8-1　设备定置管理的内容

2．看板管理

看板是现场目视管理的工具，其特点是醒目、一目了然、使用方便。因为生产现场的员工和管理者无法用很多时间来浏览看板的内容，所以看板上的内容应尽量以图表、标志为主，少点文字，即使从远处看也能一看便知。看板设置的好坏直接影响着看板管理的实施效果。一般来说，制作看板要注意如图8-2所示的几个要点。

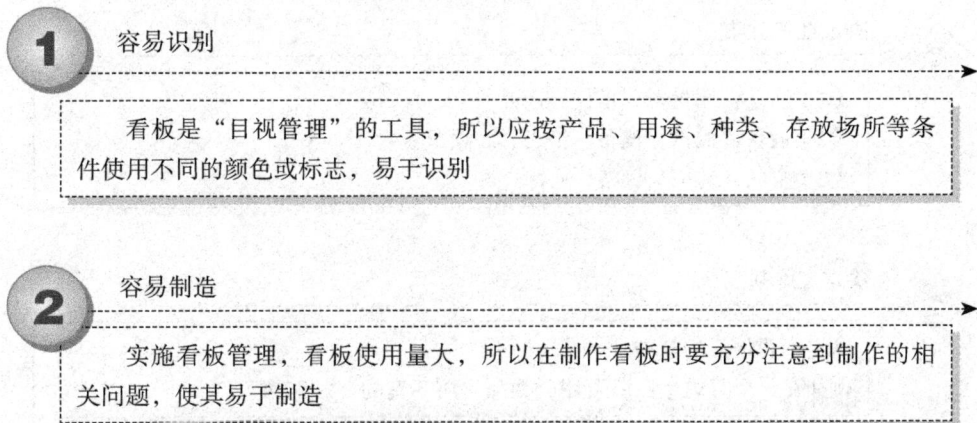

1 容易识别

看板是"目视管理"的工具，所以应按产品、用途、种类、存放场所等条件使用不同的颜色或标志，易于识别

2 容易制造

实施看板管理，看板使用量大，所以在制作看板时要充分注意到制作的相关问题，使其易于制造

3 容易处理

看板应方便保管和管理，同时便于问题的处理

4 适应性好

在实施看板管理时，看板有时要随零部件实物一起传送，因而看板宜采用插入或悬挂等形式，方便运输

5 坚固耐用

看板应该耐油污、耐磨损，尤其是循环使用的看板，更要坚固耐用

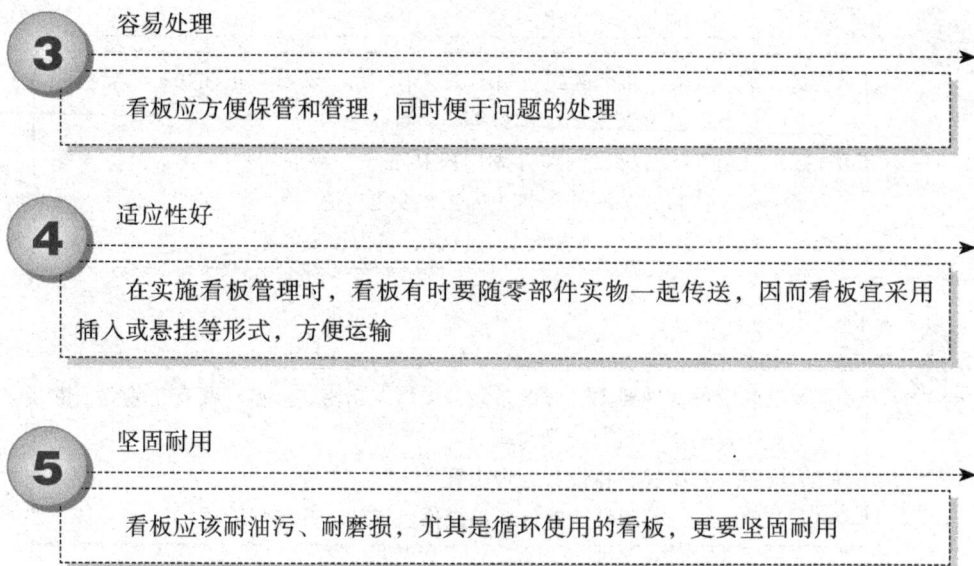

图8-2　编制看板的要点

3. 红牌作战

红牌是指用红色的纸制作成的问题揭示单。其中，红色代表警告、危险、不合格或不良。问题揭示单记录的内容包括责任部门、对存在问题的描述和相应的对策、要求完成整改的时间、完成的时间以及审核人等。红牌作战的实施程序如图8-3所示。

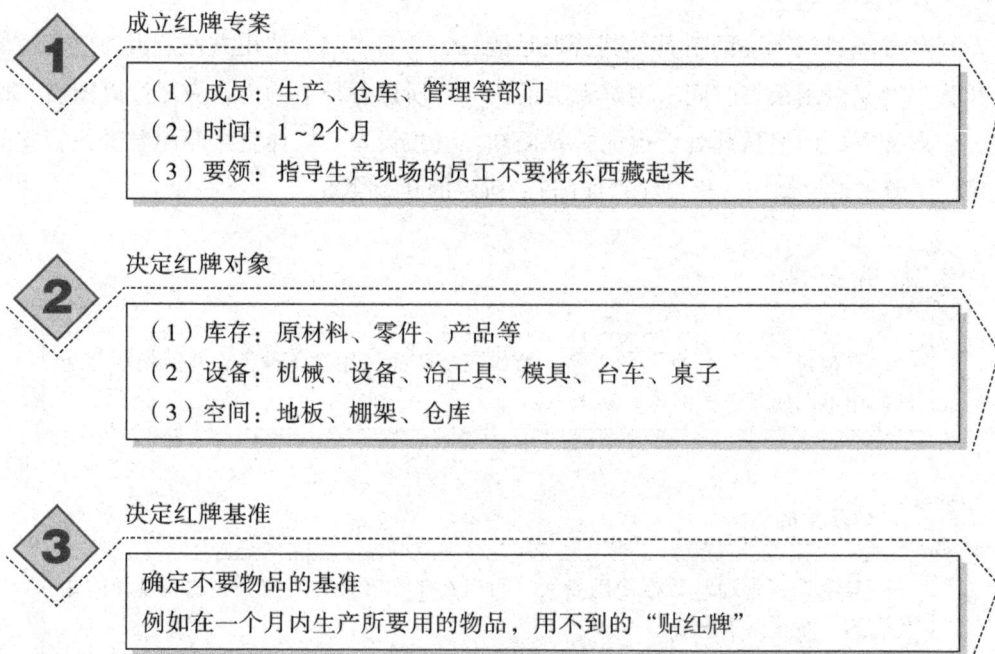

1 成立红牌专案

（1）成员：生产、仓库、管理等部门
（2）时间：1~2个月
（3）要领：指导生产现场的员工不要将东西藏起来

2 决定红牌对象

（1）库存：原材料、零件、产品等
（2）设备：机械、设备、治工具、模具、台车、桌子
（3）空间：地板、棚架、仓库

3 决定红牌基准

确定不要物品的基准
例如在一个月内生产所要用的物品，用不到的"贴红牌"

4 制作红牌

（1）任何人一看就能明了

（2）用A4大小的红色纸

（3）项目分为品名、数量、理由等

5 贴上红牌

（1）不要对当事人贴附红牌

（2）不要听信现场人员的理由

（3）要狠下心

（4）对"不知道者"也贴上红牌

6 处理与评价红牌

（1）库存：将贴上纸牌的物品按永不使用、滞留品区分，制作"不要品库存一览表"

（2）设备：执行改善之后，造成困扰阻碍时，不以支持或废弃处理

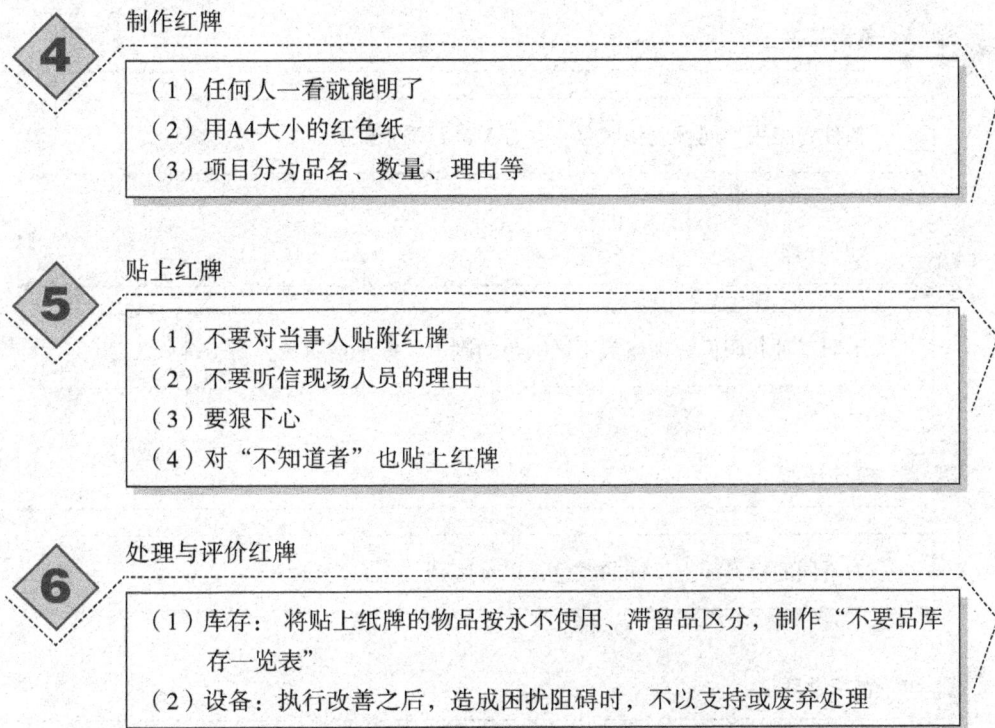

图8-3 红牌作战实施流程

4．颜色管理

颜色管理法是运用人们对颜色的心理反应以及人们的分辨能力和联想能力，将企业内的管理活动和实物披上一层有色的外衣，使管理方法可以利用红、黄、蓝、绿几种颜色区分。例如，当设备出现问题时，让员工自然、直觉地联想到标志灯，达到让每一个人对问题都有相同的认识和解释的目的。

一般而言，只要掌握色彩的惯用性、颜色鲜明性及对应的明确意义，在不重复使用的情况下即能发挥颜色管理的效果。颜色管理的应用有如图8-4所示的几种。

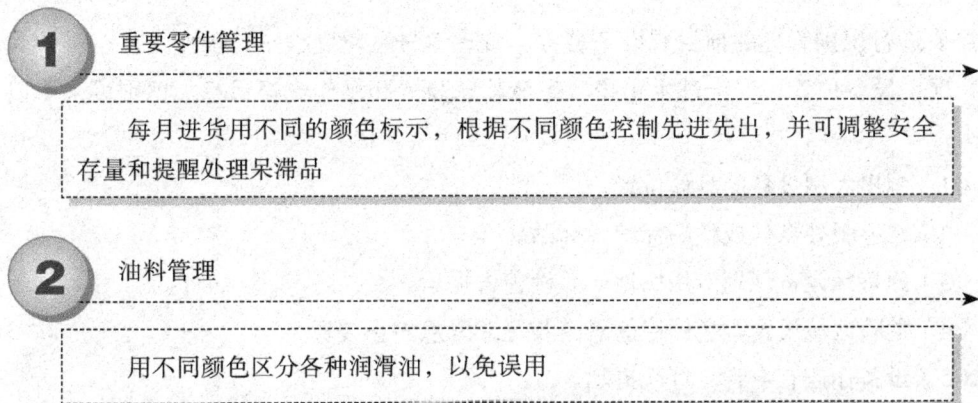

1 重要零件管理

每月进货用不同的颜色标示，根据不同颜色控制先进先出，并可调整安全存量和提醒处理呆滞品

2 油料管理

用不同颜色区分各种润滑油，以免误用

149

3 管路管理

各种管路用不同颜色作区分，并分类进行受损保养

4 人员管理

不同工种和职位分别佩戴不同颜色的围巾、帽子或肩章，易于辨认

5 模具管理

为不同的模具漆上不同的颜色，以示区别

6 卷宗管理

依不同分类使用不同颜色的卷宗，例如准备红、黄、蓝、绿四种不同颜色的文件资料夹，分别表示轻重缓急的程度

7 进度管理

用颜色区分生产进度，例如绿色表示进度正常；蓝色表示进度落后；黄色表示待料；红色表示设备机械故障等

图8-4　颜色管理法的应用

5．识别管理

需要进行识别管理的项目有设备名称、管理编号、精度校正、操作人员、维护人员、运作状况、设备位置、安全逃生路线、生命救急装置和操作流程示意。识别可采取以下几种方法：

（1）画出大型设备的具体位置。

（2）在显眼处悬挂或粘贴标牌、标贴。

（3）为特殊设备规划专用场地，并设警告提示。

（4）危险区域设置颜色鲜艳的隔离装置或紧急停止装置。

（5）设备作业有声音、灯光提示。

（6）精密设备最佳运作位置痕迹留底识别。

2.2　目视管理的应用

1. 作业指示看板

企业可以在每台设备的旁边设置一个作业指示看板，用以提示该设备的操作要点。这个看板不但可以提醒作业员注意，更可以协助那些对作业并不熟悉的人进行提前训练。

2. 运用颜色管理

设备上的仪表一般是用来显示该设备某个部位的运行情况的。仪表上的数字或者刻度也是目视管理的一种方法。但每一个仪表所代表的意义不一定一样，所以，很容易产生辨识上的困难。

为了增强仪表的易辨性与功能性，也为了让员工能够看懂它们，在必要时能立即处理异常情况，可以用颜色区分不同的仪表，以引起员工注意。

3. 停机原因看板

设备故障、材料供应不上、换模具、保养等都会造成设备的停机。这些停机原因中，有一些是正常停机，而有一些则是属于管理上的问题。

所以，为了帮助相关人员了解停机原因，也为了能够尽快解决问题，可以在设备上安装一个停机原因看板。只要设备一停机，作业人员就可以在这个看板上显示停机原因，方便相关人员快速寻求对策。

4. 停机状况显示看板

不管设备基于什么原因停机，企业总会因此受到影响。如果在工厂显眼的地方设置一个设备停机状况显示看板，用来显示当天的总停机时数，便会引起相关人员的重视并使停机问题迅速得到解决。当然，如果能同时把停机所造成的损失一并显示出来的话，效果还会更好。下面提供一份某企业设备停机状况看板的范本，供读者参考。

【范本8-03】××实业有限公司机加工车间6月10日设备停机状况看板

··

××实业有限公司机加工车间6月10日设备停机状况看板

机台名称	停机原因	停机时数	停机损失
冲床	螺丝松脱	8分钟	280元
铣床	送料卡住	6分钟	120元

（续表）

机台名称	停机原因	停机时数	停机损失
钻床	钻头断裂	10分钟	400元
数控车床	程序错误	20分钟	1500元
		当日总损失	2300元

5. 责任者看板和日常保养检查看板

对一般设备进行的保养依保养程度不同可以分成三级，最基础级的日常保养都是由现场的作业人员负责。到底作业人员有没有做好设备的日常保养？每台设备的日常保养应该由谁负责？若管理者不能有效地掌握这些情况，就无法做好日常保养。而且，日常保养如果做得不彻底，对产品质量和设备寿命都会有负面影响。而让现场作业人员重视这种日常保养工作的最佳方法还是目视管理。

6. 保养确认单

企业都会为设备安排各种定期保养，这时可以用目视管理掌握相关人员是否按照预定进度执行了工作。

例如设备每三个月要做一次二级保养，为了能更明确地掌握状况，企业可以设计一份"保养确认单"，设备完成保养后，即可将"保养确认单"贴于设备上。"设备保养确认单"如表8-4所示。

表8-4　设备保养确认单

部门：　　　　　　　　　　日期：＿＿＿年＿＿月＿＿日　　　　　编号：

设备设施名称/位置		填报人		□ 日常维修 □ 大修 □ 中修 □ 小修 □ 保养 保养周期：
		接单时间		
报修内容		开工时间		
		完工时间		
维修/保养内容				

（续表）

	名称	型号	数量	单价	合计（元）	备注
维修/保养材料及费用						
	合计（大写）：					
备注						
执行人			审核/日期			

备注：长期外包项目的日常维修保养，如费用在合同范围内发生，可不填写此表。

7. 一条直线法

螺丝用来固定设备上两个不能焊死的部分。但是，设备经长时间使用后会出现螺丝松动的现象。

而解决这一问题的办法是将螺丝拧紧后，在螺丝和设备或是螺丝和螺丝帽之间画一条直线。一旦螺丝松动，这条线会发生偏差，操作人员即可知道螺丝有松动，就可以立即采取紧固措施。

2.3 目视管理的推进

实施目视管理，首先要彻底推动5S。5S是实施目视管理最基本的工具。通过5S的实施，彻底做好了整理、整顿，改善了材料、零件、产品等存放位置的布置和保管方法，目视管理才可以实施。

1. 建立目视管理体系

针对全部工作场所，企业可以按工作场所的工作别、个人别建立一目了然的目视管理体系，明确每个人的作业内容、作业量和作业计划进度等，以确实把握现状，并可在发现问题后迅速采取有效对策。

2. 设定管理目标

开展某项活动时，企业必须制定评价活动实绩或成果的管理指标，作为生产或事务现场的行动基准。这样管理者便可通过管理指标设定的目标，积极地指导下属完成目标。

3．选择目视管理工具

在实施目视管理时，企业可利用海报、看板、图表、各类标示、标记等工具正确传达信息，使全员了解生产流程的正常或异常状态，了解判定事态的标准和采取行动的标准。因此，目视管理要具体可行，必须根据设定的管理项目准备目视管理工具。

4．定期赴现场评价

实施目视管理时，评审人员必须借助查核表定期到工作场所进行评价，以测定各阶段的实施情况与程度，同时指出受评者的优缺点，以利于受评者努力维持优点，设法改善缺点。

5．举行发表会和表扬大会

为了使目视管理活动活泼化，除了评价实施情况外，还要举行发表会，让所有员工体会目视管理活动所有参与者的成果，并举行表扬大会，给予优胜单位应得的肯定。为了公平、公正、公开起见，评价结果要通过合理的查核表显示。

第3节　安全环境管理

任何一种设备因自身的性能、结构和使用环境等特性都有一定的技术要求，如果能严格地按照规定合理地使用，就能减少机械磨损，减少机械故障，延长使用寿命，降低使用成本。而确保设备工作环境和工作条件的安全，是高效使用设备的基础。

3.1　设备伤害

设备伤害是指由于误操作设备或设备防护不到位而给设备操作人员造成的伤害。

1．设备伤害的类型

设备伤害主要有以下一些基本类型。

（1）卷入和绞缠

能够引起卷入和绞缠伤害的主要是做回转运动的设备部件，包括联轴节、主轴、丝杠等；回转件上的凸出物和开口，例如轴上的凸出键、调整螺栓或销、圆轮形状零件（链轮、齿轮、皮带轮）的轮辐、手轮上的手柄等。在运动情况下，这些部件容易将人的头发、饰物（例如项链等）、衣袖或下摆卷缠而引发伤害事故。

（2）卷入和碾压

引起卷入和碾压伤害的主要是做相互配合运动的部件，例如相互啮合的齿轮、齿轮与齿条、皮带与皮带轮、链与链轮等。另外，两个做相对回转运动的辊子之间的夹口容易引发卷入；滚动的旋转件容易引发碾压。

（3）挤压、剪切和冲撞

引起挤压、剪切和冲撞伤害的主要是做往复直线运动的零部件，例如相对运动的两部件或者运动部件与静止部件之间由于安全距离不够易发生夹挤，做直线运动的部件易发生冲撞。直线运动有横向运动（例如大型机床的移动工作台、牛头刨床的滑枕、运转中的带链等部件的运动）和垂直运动（例如剪切机的压料装置和刀片、压力机的滑块、大型机床的升降台等部件的运动）两种。

（4）飞出物打击

由于发生断裂、松动、脱落或弹性位能等机械能释放，易使失控的物件飞甩或反弹而对人造成伤害。例如，轴的破坏引起装配在其上的皮带轮、飞轮、齿轮或其他运动零部件坠落或飞出；螺栓的松动或脱落引起被它紧固的运动零部件脱落或飞出；高速运动的零件破裂碎块甩出；切削废屑的崩甩等。另外，还有弹性元件的位能引起的弹射，例如弹簧、皮带等的断裂；在压力、真空下的液体或气体位能引起的高压流体喷射等。

（5）物体坠落打击

处于高位置的物体具有势能，当它坠落时，势能转化为动能，容易对人造成伤害。例如高处掉下的零件、工具或其他物体坠落；悬挂物体的吊挂零件破坏或夹具夹持不牢引起物体坠落；由于质量分布不均衡、重心不稳，或在外力作用下发生倾翻、滚落；运动部件运行超行程脱轨等。

（6）切割和擦伤

容易造成这类伤害的部件有：切削刀具的锋刃，零件表面的毛刺，工件或废屑的锋利飞边，设备的尖棱、利角和锐边，粗糙的表面（例如砂轮、毛坯）等。无论物体的状态是运动的还是静止的，这些由于部件形状产生的危险都会构成伤害。

（7）碰撞和刮蹭

容易造成这类伤害的部件有：设备结构上的凸出、悬挂部分（例如起重机的支腿、吊杆，机床的手柄等），长、大加工件伸出机床的部分等。这些物件无论处于什么状态（运动或是静止），都可能产生危险。

（8）跌倒、坠落

这类伤害主要是指由于地面堆物无序或地面凸凹不平导致的磕绊跌伤，或接触面摩擦力过小（光滑、油污、冰雪等）造成的打滑、跌倒。尤其是因跌倒引起的二次伤害，后果将会更严重。例如人从高处失足坠落；误踏入坑井坠落；电梯悬挂装置破坏，轿厢超速下行，撞击坑底对人员造成伤害。

2．确保设备安全的措施

确保设备安全应考虑其在设计、制造、安装、调整、使用（设定、示教、编程或过程转换、运转、清理）、查找故障和维修、拆卸及处理等不同阶段的实际情况，还应考虑其各种状态，包括正常作业状态、非正常状态和其他一切可能的状态。

决定设备安全性的关键是在设计阶段要采用安全措施，还要通过在其使用阶段采用安全措施以最大限度地减小风险。对设备在不同阶段可以采用的安全措施，具体如表8-5所示。

表8-5　设备安全的措施

阶段	措施
由设计者采取的安全措施	本质安全技术（直接安全措施）
	安全防护（间接安全措施）
	使用信息（指示性安全措施）
	附加预防措施
由员工采取的安全措施	个人劳动防护装备
	作业场地与工作环境的安全性
	安全管理措施

3.2　作业场所安全管理

1．工作环境的安全要求

作业场所是指利用设备进行作业活动的地点、周围区域和通道。作业场所的安全要求有以下几点。

（1）设备布局应方便操作，设备之间、设备与固定建筑物之间应保持安全距离；通道宽敞无阻，充分考虑人和物的合理流向，满足物料输送的需要并有利于安全。

（2）作业场所不得过于狭小，工、卡、量具应按规定摆放，原材料、成品、半成品应堆放整齐、平稳，防止坍塌或滑落。

（3）地面平整、无坑凹、无油垢水污，废屑应及时清理；室外作业场所应有必要的防雨雪遮盖；在有障碍物或悬挂突出物，以及设备可移动的范围内，应设置防护或醒目标志。

（4）保证足够的作业照明度，满足通风、温度、湿度要求，严格控制尘、毒、噪声、振动、辐射等有害物，确保作业场所的卫生条件符合规定标准。

2．设备安全标识

生产中所发生的灾害或事故，大部分是由于人为疏忽造成的，因此有必要追究导致人为疏忽的原因并研究如何预防。企业可以在电气设备上悬挂安全提示标志，例如"高压电箱开关、严禁触摸""当心触电"等，提醒使用人员注意。另外，还可以为设备涂上颜色，利用颜色刺激人的视觉以实现警示作用。

（1）安全标志

企业应在设备易发生危险的部位设置安全标志，提示操作人员注意。常用的安全标志有警告标志和禁止标志两种。与机械设备安全有关的警告标志有：注意安全、当心触电、当心机械伤人、当心扎脚、当心车辆、当心伤手、当心吊物、当心坠落、当心落物、当心弧光、当心电离辐射、当心激光、当心微波、当心滑跌和当心绊倒等。这些标志的背景颜色是黄色，边框和图像是黑色。

（2）安全颜色

运用颜色提示操作人员注意也是一种比较常用的标识方式。常用的安全颜色及其具体含义如图8-5所示。

1 红色

　　红色表示禁止、停止、消防和危险。凡是有危险的设备和环境，都应以红色标记

2 黄色

　　黄色表示注意、警告。凡是希望引起员工注意的器件、设备或环境，都应以黄色标记

3 蓝色

　　蓝色表示指令或必须遵守的规定

4 绿色

　　绿色表示通行、安全和提供信息。凡是在可以通行或安全的情况下，都应以绿色标记

5 红白相间条纹

红白相间的条纹比单独使用红色更为醒目，它表示禁止通行、禁止跨越，可以用于防护栏杆及隔离墩

6 黄黑相间条纹

黄黑相间的条纹比单独使用黄色更为醒目，它表示需要特别引起注意，可用于起重吊钩、平板拖车排障器、低管道等处

7 蓝白相间条纹

蓝白相间条纹比单独使用蓝色更为醒目。它可以指示方向，用于指示性导向标

8 对比色

某些标志中的文字、图形、符号和背景色以及安全通道、交通上的标线适合用白色，而且标示线、安全线的宽度不得小于60毫米

9 黑色

禁止、警告和公共信息标志中的文字、图形都适合用黑色

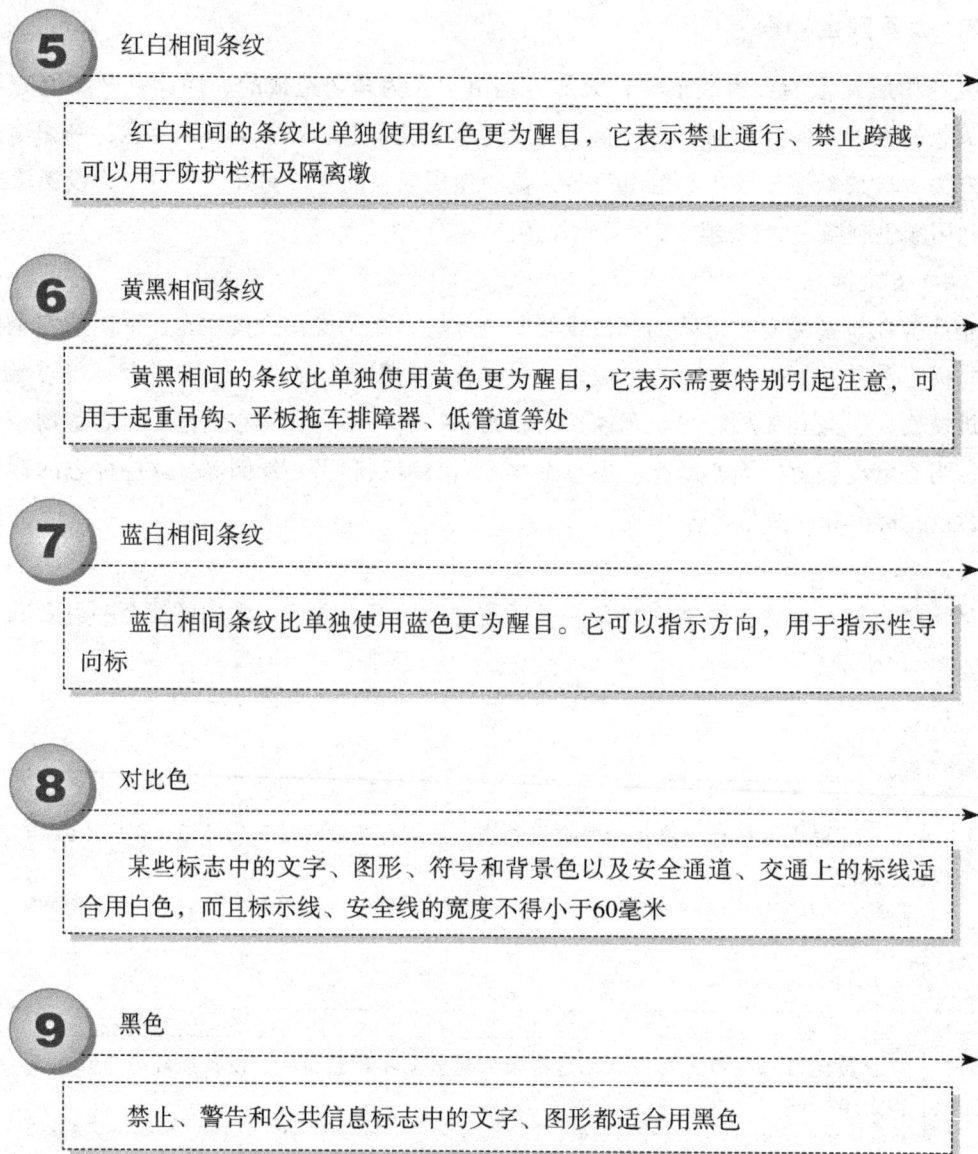

图8-5 常见安全颜色的种类

3．安全环境检查

安全环境检查的目的是及时发现设备及周边环境的安全隐患并采取对策消除隐患，从而保障生产安全。

（1）作业岗位日常检查

每天操作前，作业岗位员工应对岗位设备进行自检，确认安全才可操作。检查内容主要包括设备的防护、保险和报警装置的情况以及控制机构、使用规程等的完好情况。

对检查中发现的问题应及时解决，例如发现设备警示标志脏污，要及时通知清洁人员前来擦洗干净。问题处理完毕才能作业，如无法处理或无把握处理，应立即向班组长报

告，待问题解决后才可作业。

（2）安全人员日常巡查

企业安全委员会主任、安全员等安全人员应每日到生产现场进行巡视，检查设备安全情况。巡查工作要按照巡检牌的要求进行。

（3）设备管理人员检查

设备管理人员要经常对设备进行检查，确保设备处于正常运转状态。

（4）定期综合性安全检查

企业应定期实行综合性安全检查。从检查范围来讲，包括全厂检查和车间检查，检查周期根据实际情况确定。全厂检查一般每年不少于两次，车间检查每季度一次。

（5）制作"安全检查表"

检查表的内容应符合专业安全技术防护措施要求，应包括设备结构的安全性、设备安装的安全性、设备运行的安全性及运行参数指标安全性、安全附件和报警信号装置的安全可靠性、安全操作的主要要求及特种作业人员的安全技术考核等内容。常见的"安全检查表"如表8-6、表8-7和表8-8所示。

表8-6　常规设备安全检查表

序号	检查内容	检查结果		备注
		是（√）	否（×）	
1	各种气体管线是否有潜在危险性			
2	液封中的液面是否保持得当			
3	如果外部发生火灾，是否会使设备内部处于危险状态			
4	如果发生火灾、爆炸，有无抑制火势蔓延和减少损失的必要设施			
5	使用玻璃等易碎材料制造的设备是否采用了强度大的韧性材料保护，未用这种材料时应采取何种防护措施，会出现何种危险			
6	是否在特别必要的情况下才装设视镜玻璃，在受压或有毒的反应容器中是否装设有耐压的特殊玻璃			
7	紧急用阀或紧急开关是否易于接近和操作			
8	重要的装置和受压容器最后的检查期限是否超过日期			
9	是否实现了有组织的通风换气，如何进行评价			
10	是否考虑了防静电措施			

（续表）

序号	检查内容	检查结果		备注
		是（√）	否（×）	
11	对有爆炸敏感性的设备是否进行了隔离，是否安装了屏蔽物和防护墙			
12	为了缓和爆炸对建筑物的影响，是否采取了必要的措施			
13	压力容器是否符合国家相关规定并进行了登记			
14	压力容器是否进行了外部检查和耐压试验			
15	压力容器是否具备档案，是否检查过			
16	是否为重要设备制定了"安全检查表"			
17	设备本身是否配有安全装置			
…				

表8-7　电气安全检查表

检查时间：　　　　　　　　　　　　　　　　　　　　检查人：

序号	检查内容	检查结果		备注
		是（√）	否（×）	
1	电气系统的设计是否与生产系统完全平行： （1）如果装置的某一部分发生故障，其他独立部分是否会受影响 （2）由于其他部分的缺陷和电压波动，装置的仪表能否得到保护			
2	内部连锁或紧急切断装置是否能自动防止故障： （1）所用的内部连锁和紧急切断装置在特殊情况下是否会发生作用 （2）是否已经把重复性和复杂性降至最小限度 （3）保险用的零部件和设施是否能够连续使用 （4）对于特别选用的零部件是否符合标准中规定的条件			
3	使用的电气设备是否符合国家标准（按照生产要求分类）			

（续表）

序号	检查内容	检查结果		备注
		是（√）	否（×）	
4	电气系统的设计是否为最简便、最合理的布置，是否对传输负荷、减少误操作都能够起到作用			
5	使用电气用具是否会妨碍生产，为了进行预防性检修，是否能从设备外部操作			
6	监视装置操作的电气系统是否已经仪表化，是否能以最少的时间了解到由超负荷引起的故障			
7	是否有防止超负荷和短路的装置： （1）布线上，是否配备了将发生缺陷部分分离的装置 （2）在切断电源的情况下，电容是否能达到标准 （3）连锁装置安装是否齐全 （4）是否对所用零部件的寿命进行了现场试验			
8	接地措施： （1）是否能够防止危险发生和消除静电 （2）是否采取了避雷措施 （3）动力线发生损坏时是否可以防止触电			
9	对照明的检查要求： （1）是否能够保证日常的安全操作（危险区与最危险区是否有区别） （2）是否能够保证日常的维修作业 （3）在动力电源受到损坏时，避难通路和地点是否需要照明			
10	贮罐的地线是否采取了阴极保护			
11	动力切断器和起动器发生故障时，是否能够采取措施			
12	在大风的情况下，通信网是否能够安全地传递信息（电话、无线电、信号、警报等）			
13	内部连锁是否进行了点检，是否能够以进度表格说明			
14	进行程序控制时，控制装置变化前后的关键步骤是否能够同时进行警报和自动点检			

表8-8　机械装置安全检查表

检查时间：　　　　　　　　　　　　　　　　　　　检查人：

序号	检查内容	检查结果		备注
		是（√）	否（×）	
1	由于热膨胀对管线造成的外力是否在允许范围之内，是否有适当的伸缩性和支撑			
2	正常运转速度和危险界限速度是否有明确的界定			
3	泵、压缩机、动力机械在不做反向转动和逆流时，逆止阀是否能够灵活动作			
4	进行冲击性操作时，变速机齿轮是否有适当的安全率			
5	对铝制轴承使用的润滑油是否全部经过过滤			
6	蒸汽透平的吸入侧和排出侧是否都装设了排水管的抽出口			
7	凡蒸汽透平中能够产生冷凝水的地方，是否能够见到排水管的阀门中有水流出			
8	被驱动机械的耐受能力对透平运行速度是否适应			
9	平常运转或紧急停车时，是否考虑了对重要机械的紧急润滑			
10	是否为重要机械准备了备机或备件			
11	动力发生故障时，是否考虑了安全紧急停车的措施			
12	是否在冷却塔送风机警报器或连锁装置装备了联动开关；通风装置固定地面输入侧燃烧时，为了进行冷却是否安装了喷水装置			
...				

学 习 笔 记

通过学习本章内容，想必您已经有了不少学习心得，请仔细填写下来，以便继续巩固学习。

另外，请填写运用计划，以使工作与学习相结合。

如果您在学习中遇到了一些难点，也请如实写下来，以方便今后在学习中彻底解决这些难点。

我的学习心得：

1. _____
2. _____
3. _____

我的运用计划：

1. _____
2. _____
3. _____

我的学习难点：

1. _____
2. _____
3. _____

第 9 章

人才培育

人才培育的目的是培养新型的、具有多种技能的员工，这样的员工士气高昂，能够高效并且独立地完成各项工作。企业能够为员工提供的教育与训练可分为OJT（On the Job Training，现场内的训练）与off-JT（Off the Job Training，现场外的训练）。

第1节　企业培训的类型

1.1　培训的层次

为了扎实地开展TPM活动，企业开展多层次、持续的教育和培训是非常必要的。针对不同的对象，企业可以将培训划分为图9-1所示的几个层次。

1 领导层

主要进行推行TPM的意义和重要性的教育，使他们能够以战略的眼光看待TPM的推行工作

2 中层管理人员

对中层管理人员进行比较全面的TPM知识的教育培训，帮助他们深刻理解TPM的宗旨、目标、内容和方法，使他们能够明确各自部门在TPM推行活动中的位置和作用，并能够将TPM要求与本部门的业务有机地结合起来，策划并开展好本部门的工作

3 各级TPM工作组织

高层工作组织应系统学习TPM知识，以便能够给领导层当好参谋，整体策划TPM体系，指导各部门工作；基层工作组织需要有针对性地学习TPM某一方面的专业知识，例如"目视化管理"的方法等

4 基层员工

一方面对基层员工进行改变旧观念的教育，帮助他们树立"谁用机器谁维护"的意识；另一方面对他们进行设备结构、点检、处理方法等基础知识和技能的培训，帮助他们学会能独立进行自主保养

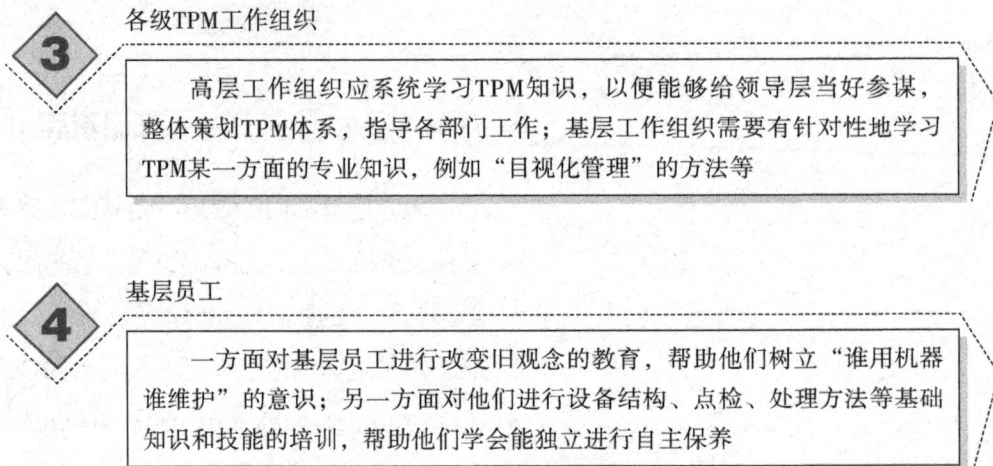

图9-1 培训的层次

要点提示

培训是改变员工能力和习惯的唯一手段，因此企业必须进行持续不断的培训，而且同一内容需要反复培训和训练。不同的TPM推进阶段应有不同的培训内容，培训形式也应多样且趣味活泼，例如开展OPL（One Point Lesson，十分钟教育）、知识竞赛等。

1.2 维修人员的培训

为了使设备维修人员能正确地维修设备，必须对其进行培训，以使其掌握维修技巧。

1．维修人员应具备的素养

维修人员应具备的素养具体如图9-2所示。

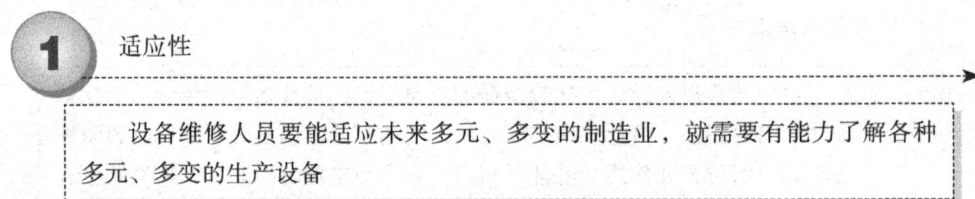

1 适应性

设备维修人员要能适应未来多元、多变的制造业，就需要有能力了解各种多元、多变的生产设备

2 灵活性

设备维修人员若具备灵活性，就不会在制造业变迁时手足无措，或因无法适应而被淘汰

3 创造性

一个有创造力的维修人员能够提高维修效率，减少维修失误的发生

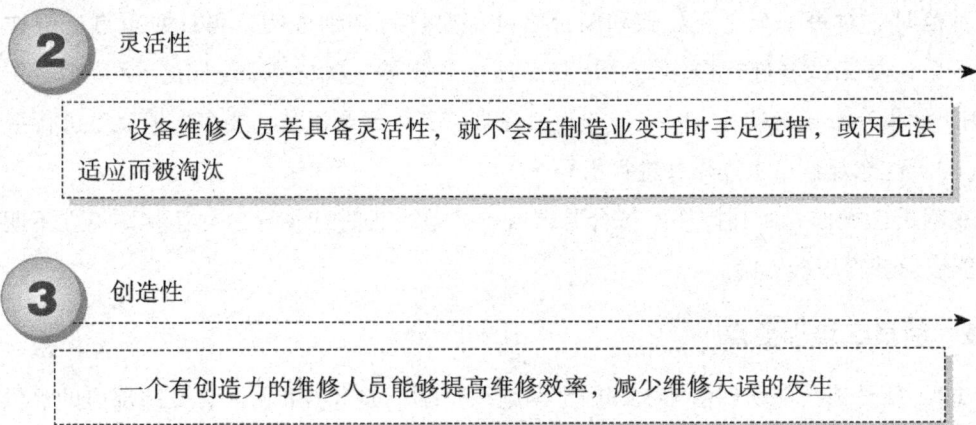

图9-2　维修人员应具备的素养

2. 维修人员培训要点

设备维修实现效率化，就是要实现设备维修的可靠化、维修的系统化、维修人员的技术与成本最适当平衡的目的。维修人员培训的具体要点如下。

（1）了解培训的主要内容。企业应为每名新进维修人员配发一套培训教程。

（2）使用培训辅助工具。电脑在线培训已经替代了传统的培训方法，所以受训人员要熟悉电脑操作。

（3）企业的政策与规章。

（4）安全、环保的规章与执行。

（5）基本维护工程原理，例如机械元件、材料的量测与控制，电气设备的控制原理等。

（6）基本的手艺、手工具和机械技艺等。

1.3　新员工作业指导

1. 新员工作业指导步骤

企业管理者可以按以下三个步骤对新员工进行指导：

（1）对作业进行说明

询问员工对作业的了解程度，以前是否从事过类似的作业；讲授作业的意义、目的以及质量、安全等重要性；重点强调安全方面的内容，使安全问题可视化；对零部件的名称和关键部位、使用的工装、夹具的放置方法进行说明。

所谓可视化，就是用眼睛可以直接、容易地获取相关信息，例如易被看见的应用标志、警示牌、标志杆、电子记分牌和大量的图表等。

（2）示范一遍，让员工跟着操作

示范时，对每一个主要步骤和关键之处都要进行详细说明，再针对重点进行作业指导；然后让员工试着进行操作，并让其简述主要步骤、关键点和理由，使其明白作业的5W1H，如果有不正确的地方要立即纠正；在员工真正领会以前，要多次地反复进行指导。

（3）注意观察员工操作并进行指导

观察员工操作，对其操作不符合要求或不规范之处进行指导，并让其知道在不明白时怎样能快速获得正确答案。

2．新员工培训要点

（1）新员工技能培训由相关部门定期组织安排，如有需要，人力资源部协助提供培训场地和设施；培训人员应及时将培训记录填写完整，并将记录交到人力资源部。

（2）新员工在试用期内（入职后一个月内）必须接受至少一次本工序的技能培训；试用期满且合格转正的员工在转正之后的三个月内，以及转岗、调岗的员工正式入职后，必须再接受至少一次的技能培训。

（3）有同行业相关经验的新入职员工也必须参加技能培训，以便统一操作规范，直接接受部门考核。

（4）工作年限满一年的员工必须接受一次工作技能培训，包括与本职工作相关联的2~3个工序的技能培训。

（5）工作年限满两年以上的员工，必须参加本部门75%~90%以上工序的技能培训，当绝大多数工序技能培训考核都达到非常熟练的程度时，建议参加其他的技能或者管理培训。

第2节　OJT在岗培训

在岗培训OJT（On the Job Training）以不离开现场为要求，以对电气、仪表、程控电脑的生产制程控制（以下简称为程控）为培训要点。以下是OJT的实施步骤。

2.1　明确培训对象

首先要明确作业人员完成生产现场各种作业所需要的能力，这里所说的"能力"是指与作业相关的知识、顺序、作业要点、应该达到的品质水准、作业速度等。接着对分配至生产线的作业人员的能力进行评价，找出其与必备能力的差距，确认作业人员不足的能力部分。

2.2　确定技能需求

在执行TPM的过程中，一般需要具备以下技能。

1．具备发现和改善设备问题点的能力

（1）能够发现设备的问题点。

（2）理解注油的重要性，掌握正确注油的方法和注油确认方法。

（3）能够理解清扫的重要性并掌握正确方法。

（4）理解切削粉末、冷却用品的飞溅问题的重要性，并能够对其进行改善。

（5）能够自觉对发现的问题进行复原或改善。

2．熟悉设备功能和结构，具备发现造成异常现象的原因的能力

（1）掌握设备在结构上需要注意的事项。

（2）能够完成对设备的清扫和点检。

（3）了解判断异常的基准。

（4）了解异常发生的因果关系。

（5）能够正确判断停止设备运行的必要性。

（6）能够进行简单的故障诊断。

3．理解设备和品质之间的相关性，具备能够预知和发现品质异常的因果关系的能力

（1）对现象能够进行物理方面的分析。

（2）了解品质特性和设备之间的相关性。

（3）了解设备的静态、动态精度需要维持的范围，并能够进行点检。

（4）了解造成不良的因果关系。

4．具备修理能力

（1）能够进行零部件的更换。

（2）能够判断零部件的寿命。

（3）能够追踪故障发生的原因。

（4）能够实施应急措施。

（5）能够支援分解点检。

5．具备单独解决发生在自己业务范围内的问题的能力，具备与上级沟通协商的能力

（1）通过对作业当中的浪费现象的关注，能够缩短清扫、注油、点检、准备作业及调

整的时间。

（2）能够进行故障、瞬间停止方面的预防措施。

（3）能够进行切削工具的更换和切削工具使用寿命的改善。

（4）能够进行速度损失的改善。

（5）能够预防品质不良的发生。

（6）能够进行顺序损失的改善。

（7）能够进行设备安全和操作安全的改善。

为适应设备管理现状，推进TPM活动，可将设备管理拓宽到品质保证和保全等活动范围。这里需要注意的是，所需的技术、技能必须全部传授给员工。

2.3　培训的内容

1．操作人员的培训内容

（1）电业安全工作规程、运行操作规程、事故处理规程、技术等级标准、岗位规范和有关规程制度。

（2）历年发生的事故的分析、积累的设备异常情况资料汇编和反事故技术、措施等。

（3）现有设备和新设备的构造、原理、参数、性能、系统布置和运行操作方法。

（4）安全、经济的运行方式和先进工作方法。

（5）设备检修或异动后对新技术的运用。

（6）季节变化对设备运行的影响及预防措施。

（7）设备运行专业理论或操作技能示范等。

2．维修人员的培训内容

（1）电业安全规程、现场检修（试验）规程、检修工艺规程、技术等级标准、岗位规范及有关规程制度等。

（2）本企业发布的事故快报、事故通报、事故资料汇编及反事故措施等。

（3）现有设备及新设备的构造、原理、性能、系统布置和一般运行知识。

（4）检修工具和器具、试验仪器、仪表的使用方法。

（5）设备的检修方法和检修质量验收标准。

（6）新技术、新工艺的应用。

（7）检修（试验）专业理论和操作性能示范等。

下面提供一份某企业的OJT培训教材内容，供读者参考。

【范本9-01】××实业有限公司OJT培训教材内容

××实业有限公司OJT培训教材内容

1. 油压机和油压系统 （1）油压系统（射出、成型） （2）油压机的构造 （3）油压机的运作和油压系统	2. 油压机的保全 （1）日常点检、核定期点检 （2）解决问题	3. 器材调整技能 （1）点检时各部分运转的调整和设定 （2）控制装置
4. 电子线路 （1）读取展开速度方法 （2）音序器 （3）解决问题	5. 螺栓、螺母的基础 　螺栓、螺母保全	6. 扭矩扳手实习 　现场点检实习
7. 润滑基础 （1）润滑油和黄油方面的保全 （2）判定发热现象实习	8. 密封（sesl）基础 　垫圈保全现场实习	9. 看图方法 （1）认证基础 （2）材料符号
10. 运转 　轴承知识	11. 齿轮、传送带交替和保全	12. 学习内容体会和系统教材分析 （1）组装、试运转现场 （2）点检实习
13. 电器基础 （1）电器和符号，音序器 （2）学习看图方法和测试使用方法	14. 音序器基本线路连接学习 　驱动电机、停止等	15. 开关线路 　电机正逆转等
16. 电器保全的要点 （1）电器安全 （2）现场点检实习	17. 油、气压的基础 　油、气压系统的分解	18. 油压器械的构造 　技能教材的组合、试运转油压周期
19. 油压系统和电器系统的连接 制作各系统的时间推移图	20. 挑战故障分析系统 （1）根据教材，分析油压系统故障 （2）现场点检整理	21. 主要器材名称 （1）压铸机的种类和名称 （2）制造设备的现场说明 （3）设备安全
22. 附属设备的名称 （1）附属设备的种类和名称 （2）附属设备的现场说明	23. 模具种类和名称 （1）压铸机模具种类和名称 （2）金属压铸模具种类和名称	

第3节　编制作业指导书

为缩小作业人员必备能力和实际能力之间的差距，企业最好将作业标准书面化。作业标准书面化是指将作业标准以文件的形式表现出来，即编制作业指导书。作业指导书起着正确指导员工从事某项作业的作用。

作业指导书是针对每一项作业按照全过程控制的要求，明确作业计划、准备、实施、总结等各个环节的具体操作的方法、步骤、措施、标准和人员责任，并依据工作流程组合成的执行文件，它可以保证整个作业过程处于"可控、在控"状态，不出现偏差和错误，以获得最佳秩序和效果。

3.1　作业指导书的内容及格式

作业指导书能够确保作业过程和活动的质量。严格执行作业指导书的规定，就能够保证产品或活动的质量特性。作业指导书一般包括以下几个方面的内容。

（1）与该作业相关的职责和权限。

（2）作业内容的描述，包括所加工的产品的工序、操作步骤和作业流程图。

（3）所使用的材料和设备，包括材料型号、规格和材质；设备名称、型号、技术参数规定和维护保养规定。

（4）作业所使用的质量标准、技术标准和对作业人员的能力要求，以及判定质量符合标准所依据的准则。

（5）检验和试验方法，包括对计量器具使用、调整和校准要求。

（6）对工作环境的要求，包括温度、湿度、安全和环保方面的要求。

3.2　作业指导书的编制要点

（1）体现对现场作业的全过程控制，体现对设备和人员行为的全过程管理，包括设备验收、运行检修、缺陷管理、技术监督和人员行为要求等内容。

（2）现场作业指导书的编制应依据生产计划。生产计划应根据现场设备的运行状态制订，但是对缺陷异常、反措要求、技术监督等内容应实行刚性管理，变更应严格履行审批手续。

（3）应在作业前编制，注重策划和设计，量化、细化、标准化每项作业内容，做到作业有程序、安全有措施、质量有标准、考核有依据。

（4）针对现场实际进行危险点分析，制定相应的防范措施。

（5）应符合"分工明确、责任到人"的原则，编写、审核、批准和执行应签字齐全。

（6）围绕安全、质量两条主线，实现安全与质量的综合控制。优化作业方案，提高效率，降低成本。

（7）一项作业任务编制一份作业指导书。

（8）应规定本项作业安全和质量的技术措施、组织措施、工序和验收内容。

（9）以人为本，贯彻对安全生产和职业健康管理体系的要求。

（10）概念清楚、表达准确、文字简练、格式统一。

（11）应结合现场实际由专业技术人员编写，由相应的主管部门审批。

3.3 作业指导书的控制及使用

（1）生产管理部门对所有作业指导书进行统一编号管理，且每份作业指导书的编号唯一，并建立"作业指导书管理台账"。

（2）作业指导书输出必须经批准后由文控中心受控后发放至生产部门使用，文控中心受控后必须将电子文档存档，以备查验管控。

（3）员工在生产过程中须严格按作业指导书要求的步骤操作，以实现标准产能。

（4）已经过期的作业指导书和损坏的作业指导书可申请报废。

（5）不适用或必需升级的作业指导书可申请报废。

学习笔记

通过学习本章内容，想必您已经有了不少学习心得，请仔细填写下来，以便继续巩固学习。

另外，请填写运用计划，以使工作与学习相结合。

如果您在学习中遇到了一些难点，也请如实写下来，以方便今后在学习中彻底解决这些难点。

我的学习心得：

1. _____
2. _____
3. _____

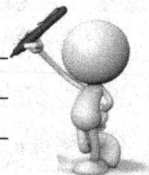

我的运用计划：

1. _____
2. _____
3. _____

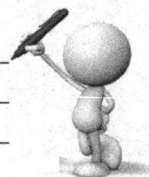

我的学习难点：

1. _____
2. _____
3. _____

第 10 章

设备信息化管理

> 设备从采购入库到使用变更，再到维修和报废处理，涉及到使用、管理、监察、决策等多个部门，环节众多，流程复杂。所以，在企业实施TPM管理的过程中，利用信息化手段实现对设备的精细化管理具有多方面的意义。

第1节 设备编号管理

为设备编号的目的主要是为了区分全厂各套生产设备，以及设备中的工艺、仪表和管道，做到每一位编号与相应工艺、仪表等的唯一对应性，并使之规范化。为了做好设备资产管理，企业的每一台设备都应该有自己的编号。设备的编号直接关系到设备账、卡、物的统一管理，是实行设备分类信息化管理的基础。

1.1 设备编号规则

1. 设备的编号范围

企业日常用到的各种设备都要编号。有些工具，例如计量器具、仪器仪表等，虽然价值较低，但是对于生产管理很重要，因此也需要对其进行编号管理。

2. 设备编号的要求

设备编号主要应遵循以下要求，具体如图10-1所示。

1 系统性

编号要具有一定的系统性，便于分类和识别

2 唯一性

设备的编号必须唯一，否则将无法进行数据的汇总和计算

3 通用性

编号要考虑设备的类别和数量，但为了便于管理要全面考虑，应尽量减少编号位数，使编号简单明了

4 实用性

编号必须易于使用和记忆

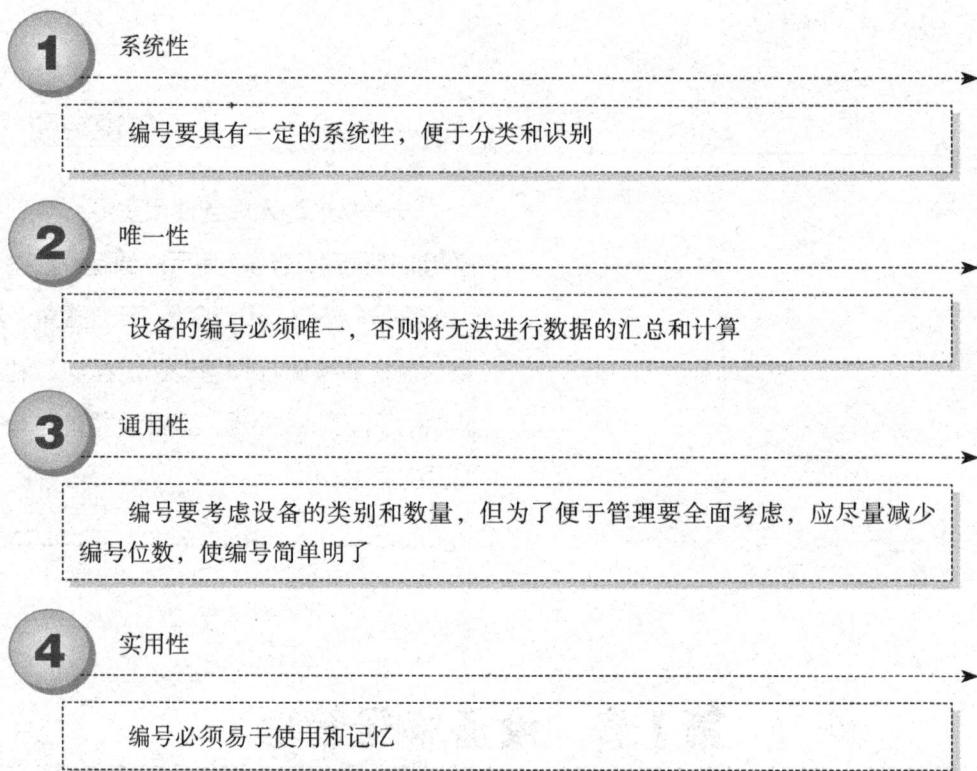

图10-1　设备编号的要求

要点提示

设备的附件和附属设备不需另外单独编号，可以在编号中加编辅机号区别。生产流水线设备需按工艺属性分成若干单元，逐个编号入账，其连接部分（传送带、隧道等）可附属就近单元。自动线设备按一条线为一台设备编号。

3．设备大类编号

设备大类按国家相关规定编号，部分编号如表10-1所示。

表10-1　设备大类编号表

机械设备	代表数字	动力设备	代表数字
起重运输设备	1	动能发生设备	2

（续表）

机械设备	代表数字	动力设备	代表数字
专业生产设备	3	检验仪器设备	4
其他机械设备	5	其他设备	6

4. 设备管理工作对象编号

（1）生产设备编号为I。

（2）生产辅助设备编号为II。

（3）非生产设备编号为III。

（4）检验设备编号为IV。

5. 设备编号的规则分类

设备编号的规则分类，如表10-2所示。

表10-2　编号规则分类表

1——生产用固定资产		2——非生产用固定资产	
101	房屋及购建物类	202	仪器仪表类
10101	房屋	20201	水电工仪表
102	仪器仪表类	20204	照相机械
10201	水电工仪器	203	机电设备类
10202	医疗仪器	20301	通用设备
10203	园林仪器	20302	动力机械
10204	照相机械	20304	电源设备
103	机电设备类	20305	电器设备
10301	通用机械	20306	交通运输设备
10302	动力机械	204	电子设备类
10303	变压器	20401	计算机
10304	电源设备	20402	通迅设备
10305	电器设备	20403	视听设备
10306	交通运输设备	20404	其他电子设备

（续表）

1——生产用固定资产		2——非生产用固定资产	
104	电子设备类	205	印刷机械类
10401	计算机	20501	复印设备
10402	通迅设备	206	文体设备类
10403	视听设备	20602	文艺设备
10404	其他电子设备	207	家具类
105	生产用印刷机械类	20701	木制家具
10501	复印设备	20703	金属家具
106	文体设备类	20704	其他家具
10602	文艺设备	208	行政办公设备类
107	家具类	20801	安全设备
10701	木制家具	20802	消防设备
10702	钢木家具	20803	清洁卫生设备
10703	金属家具	20804	生活用具
10704	其他家具	20805	行政事务设备
108	行政办公设备类	209	炊事设备类
10801	安全设备	20901	厨房设备
10802	消防设备	20902	餐具
10803	清洁卫生设备	20903	其他炊具
10804	生活用具	210	用无形资产类
10805	行政事务用具	21001	管理软件
109	炊事设备类	3——租出固定资产	
10901	厨房设备	4——非使用固定资产	
10902	餐具	5——不需用固定资产	
10903	其他炊具	6——融资租入固定资产	
110	无形资产类	7——土地	
11001	管理软件		

1.2 设备编号的具体实施

1. 编号的方式

为设备编号有多种方式，这些方式各有优、缺点，具体如图10-2所示。

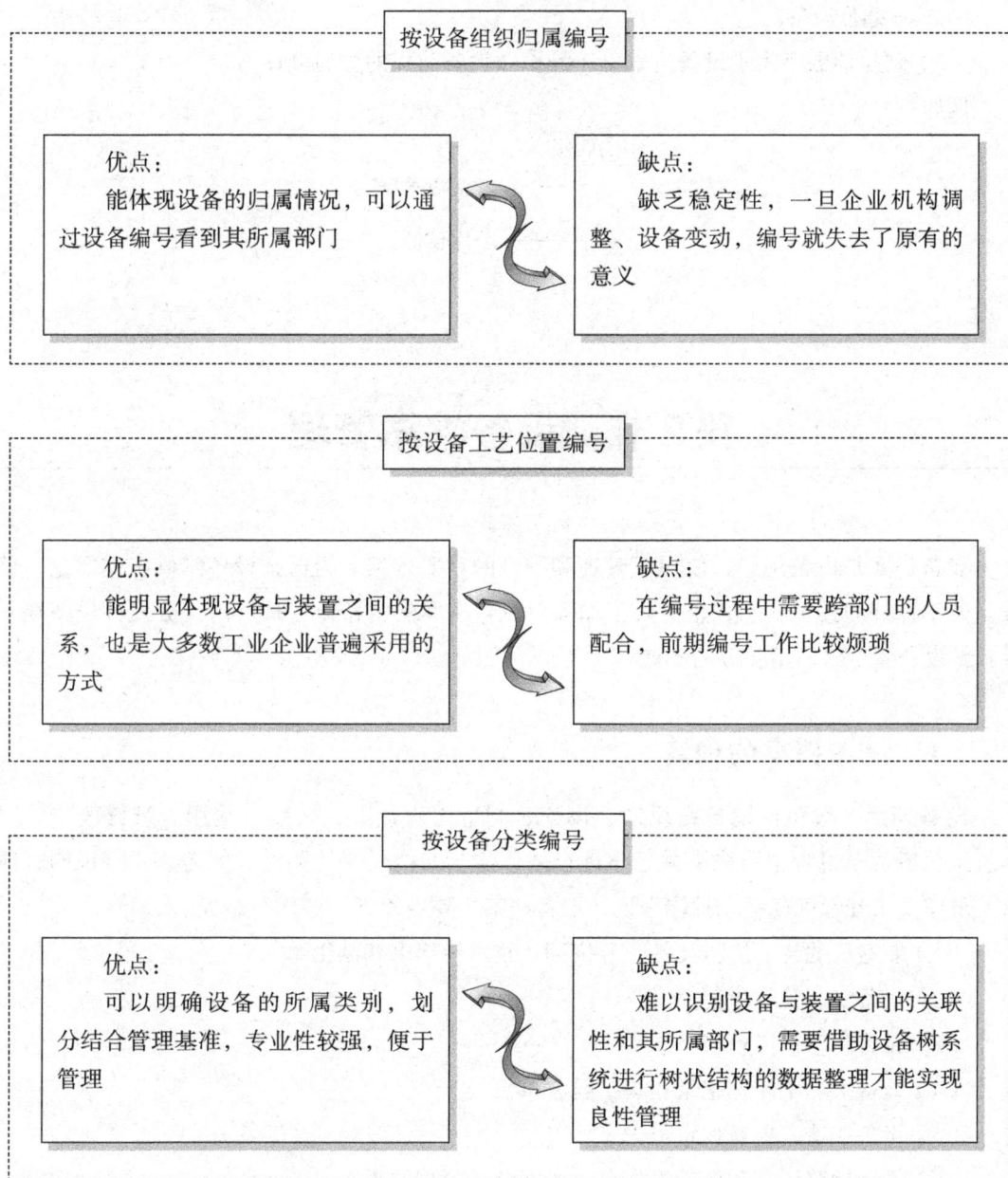

按设备组织归属编号

优点：

能体现设备的归属情况，可以通过设备编号看到其所属部门

缺点：

缺乏稳定性，一旦企业机构调整、设备变动，编号就失去了原有的意义

按设备工艺位置编号

优点：

能明显体现设备与装置之间的关系，也是大多数工业企业普遍采用的方式

缺点：

在编号过程中需要跨部门的人员配合，前期编号工作比较烦琐

按设备分类编号

优点：

可以明确设备的所属类别，划分结合管理基准，专业性较强，便于管理

缺点：

难以识别设备与装置之间的关联性和其所属部门，需要借助设备树系统进行树状结构的数据整理才能实现良性管理

图10-2　编号的方式

2. 设备编码的方法

（1）设备编码由两位英文字母＋四位阿拉伯数字组成，即X 0000

（2）英文字母表示设备类别

PE——生产设备。

UE——公用设备。

LE——实验室检验设备。

OE——办公设备。

（3）阿拉伯数字表示设备流水号，需按照设备购买的先后顺序给定。

例如：

UE　0003
　　　└──────购买流水号
　　└──────────公用设备

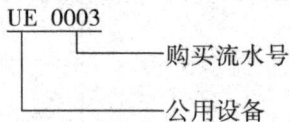

第2节　设备档案管理

设备档案是设备制造、使用、管理和维修的重要依据。为保证设备维修工作质量，使设备处于良好的技术状态，企业必须加强对设备档案的精益化管理，以充分发挥设备档案为日常设备管、修、用服务的职能。

2.1　设备档案的内容

设备档案一般包括设备在规划、设计、制造（购置）、安装、使用、维修改造、更新直至报废的全过程中形成的并经整理过的，应当归档保存的图样、图表、文字说明、照片、录像及录音带等资料。具体来说，设备档案主要由以下一些内容组成。

（1）制造厂的技术检验文件、合格证、技术说明书和装箱单。

（2）设备安装验收移交书。

（3）设备附件和工具清单。

（4）设备大、中修理记录和竣工验收单。

（5）设备改造、更新技术报告。

（6）设备缺陷记录和事故报告单（原因分析处理结果）。

（7）设备技术状况鉴定表。

（8）安装基础图和土建图。

（9）设备结构和易损件、主要配件图样。

（10）设备操作规程。

（11）设备检修规程。

（12）其他资料。

2.2 设备档案资料的管理

1. 设备档案资料的整理

原始档案资料入档案管理室后须由档案管理人员按总图、零件、标准件、外购件目录、部件总图和零件图号的顺序整理成套，并填写图样目录和清单，详细记明实有张数。原始资料的保管要注意以下几个方面的内容。

（1）所有底图按设备类别清点、编号和记账，保证描晒、归还准确无误。

（2）底图的修改应由设备管理部门负责人批准，并应注明修改日期。

（3）底图需作废、销毁时，应由档案管理人员提出，交工程部分别核实并确定无保存价值后，列出清单，经工程部主管批准后方可销毁。

2. 设备档案资料管理的要求

（1）技术资料应力求齐全、完整和准确。

（2）检验、检修和验收记录等资料由工程部作分类整理后，交档案管理人员集中统一管理。

（3）所有图样应统一编号。

（4）型号相同的设备，因制造厂和出厂年份不同，零件尺寸可能不同，工程部应与实物进行核对，并在图样索引中加以注明。

（5）设备经改装或改造后应及时更新图样。

（6）凡原制造厂的图样，一律沿用原制造厂的编号。

（7）严禁将图册中的图样拆下作为加工和外协等用。

3. 设备台账的填写

设备档案管理台账主要由设备汇总表、设备卡和设备编号牌等构成。设备卡是该台设备的主要技术参数和运行维修记录卡，一台设备一张卡。设备汇总表中的每台设备均要填写设备卡。

（1）列入设备台账的应该是固定资产，即：使用年限在一年以上，价值在2 000元以上（含2 000元），具有独立使用功能的设备资产；属于整机之一部分，不便或不易分开的而其总值合乎固定资产标准的设备资产。

（2）不属于固定资产的设备、器具、物品应作为低值易耗品进行登账管理，不列入设备台账。

（3）各部门必须将存放于本部门的包括在用、停用、闲置、调入、报废等在内的所有固定资产列入设备台账，并在备注栏注明以上情况，具体如表10-4所示。

表10-4　设备台账

编号：　　　　　　　　　　　　　　　　　　　　　　日期：_____年___月___日

序号	设备编号	设备名称	规格型号	生产厂家	原值(万元)	使用日期	折旧年限	使用部门	安装地	责任人	记录人	审核人	备注

4．设备资料档案管理要点

（1）设备资料档案应由专人管理。设备资料应及时移交档案管理人员，使用部门只能使用复印件。

（2）个别设备的资料如确实很多、复印不便时，可先由档案管理人员立卷归档，然后由使用部门办理长期借阅手续，并妥善保管。

（3）新建、改建项目竣工验收以后，相关图纸资料、审报批准文件、合同和投入运行后的年检报告等都应及时移交设备档案管理人员整理组卷、归档。

（4）所有遗缺资料由原项目经办人员负责索取补充，设备管理或项目经办部门负责按档案管理要求将设备资料立卷。

第3节　企业资产管理系统

企业资产管理系统（EAM）是指用计算机系统辅助企业管理好有形资产（例如生产设备、厂房设施、交通工具、仪器仪表等），使之物尽其用，能安全运作并保证生态环境不受侵害，同时最大限度地提高维护效益、降低维修成本。

3.1 EAM的构成及特点

企业资产管理（Enterprise Asset Management，EAM）系统是一个集成的设备维护系统。许多EAM软件都采用模块化的设计手法，允许用户有选择的余地。

1. EAM的基本功能

每套EAM自有其特点，具体如图10-4所示，它们的模块划分各不相同，但都同时具有以下基本功能。

（1）设备资产和技术管理：建立设备信息库，实现在设备运行过程中对技术状态、维护、保养、润滑情况的记录。

（2）设备文档管理：设备相关档案的登录、整理。

（3）设备缺陷和事故管理：设备缺陷的报告、跟踪和统计，设备紧急事故处理。

（4）预防性维修：以可靠技术为基础的定期维修、维护，维修计划分解，自动生成预防性维修工作单。

（5）预测性维修：以设备状态检测为基础进行预测性维修、维护，自动报警或生成预防性维修工作单，同时通过检测点的记录数据进行设备、备件劣化趋势分析。

（6）维修计划和排程：根据设备运行记录和维修人员工作记录，编制整体维修、维护任务进度的安排计划，依照计划，根据任务的优先级和维修人员工种情况确定最终的维修工人。

（7）工作单的生成和跟踪：对自动生成的预防性、预测性维修工作单和手工录入的请求工单进行人员、备件、工具、工作步骤、工作进度等的计划、审批、执行、检查和完工报告，并跟踪每个工单的状态。

（8）备品、备件管理：建立备件台账，编制备件计划，处理备件日常库存事务（接收、发料、移动、盘点等），能根据备件最小库存量或备件重订货点自动生成补库计划，跟踪备件与设备情况。

（9）请购、采购管理：处理设备、备件、外包服务和低值易耗品的请购、审批、寻价、采购和发票等事宜，并对供应商进行管理与分析。

（10）维修成本核算：通过工作单上的时间、所耗物料、工具和服务项目汇总维修、维护任务成本，累积成本到设备或成本中心，进行实际成本与预算的分析比较。

（11）缺陷分析：建立设备故障代码体系，记录每次故障发生的情况并进行故障分析。

（12）统计报表：查询、统计各类信息，包括设备的三率报表、设备维修成本报表、设备状态报表、设备履历报表、备件库存周转率和供应商分析报表等。

（13）系统管理：数据备份、用户权限等系统管理。

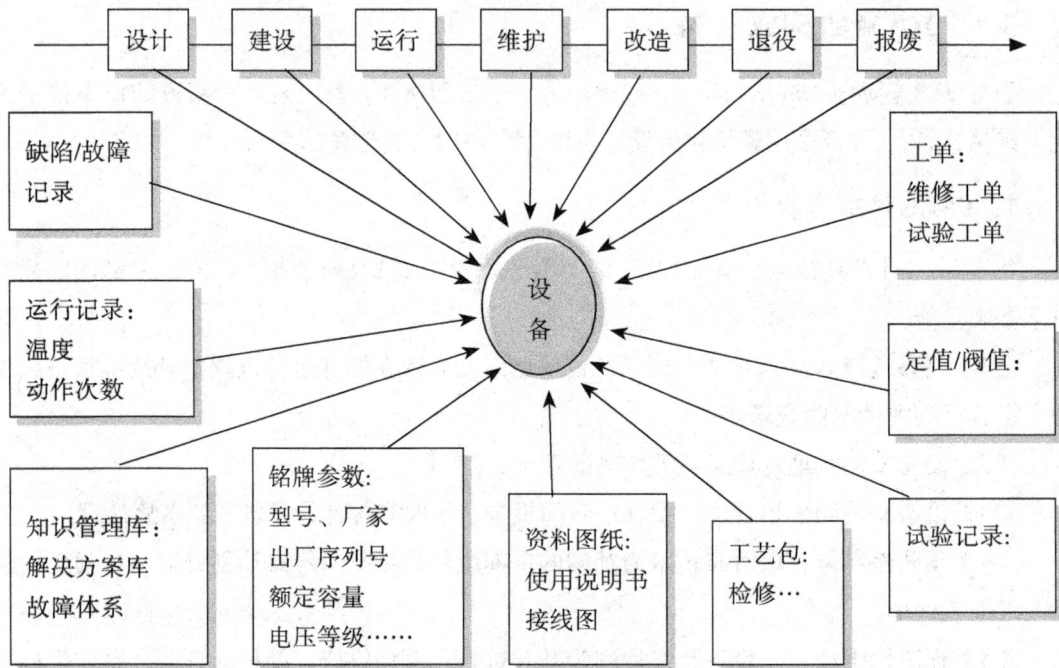

图10-4　企业资产管理系统

2．EAM管理的内容

EAM管理的主要对象是设备。但随着管理要求的提高、维修管理工作的扩展和管理设备对象范围的不断扩大，目前EAM管理的主要内容具体如图10-5所示。

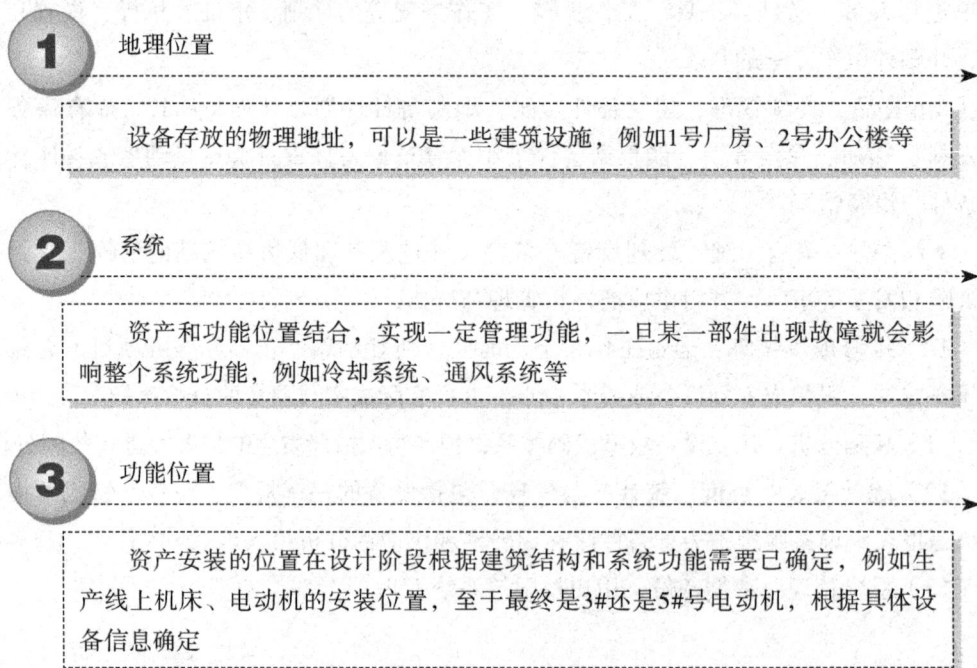

1 地理位置

设备存放的物理地址，可以是一些建筑设施，例如1号厂房、2号办公楼等

2 系统

资产和功能位置结合，实现一定管理功能，一旦某一部件出现故障就会影响整个系统功能，例如冷却系统、通风系统等

3 功能位置

资产安装的位置在设计阶段根据建筑结构和系统功能需要已确定，例如生产线上机床、电动机的安装位置，至于最终是3#还是5#号电动机，根据具体设备信息确定

4 设备

需要维护和修理的具体设备，依靠其运转来实现生产，从而带来产值，例如3#电动机

图10-5　EAM管理的内容

3.2　EAM的实施和选择

1．EAM的实施流程

与ERP的实施相同的是，EAM的实施也是一个系统工程项目。根据国内外诸多企业长年实践中总结出来的经验，按照项目管理的内容，EAM的实施流程如图10-6所示。

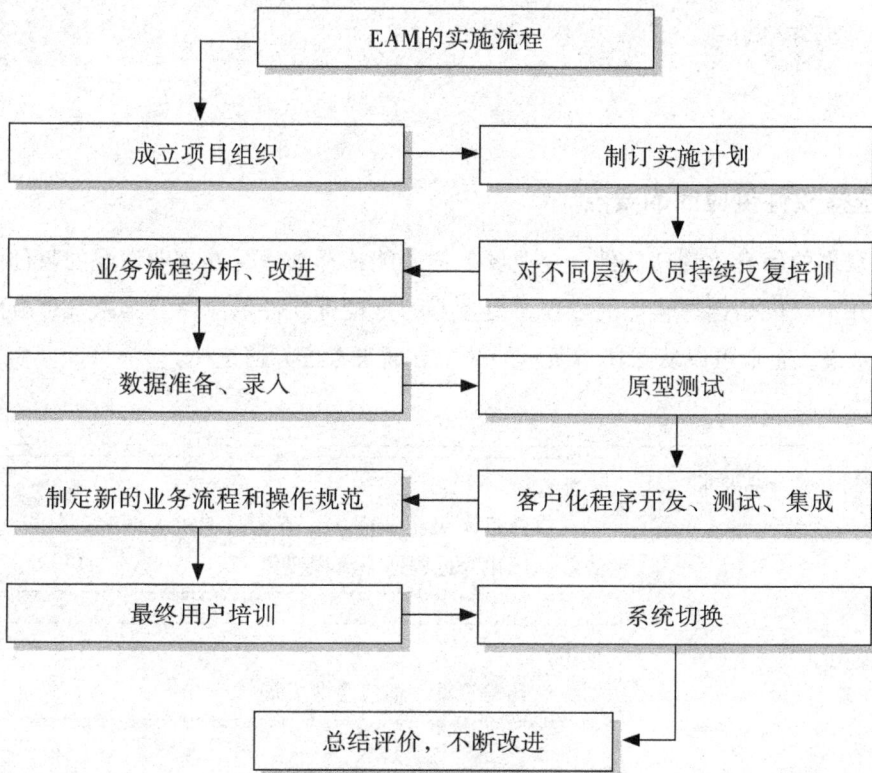

图10-6　EAM的实施流程

2．EAM系统的选择

国际上，在EAM或CMMS领域有许多软件开发商和成熟的商品化软件，他们基本上又可分为两大阵营。

（1）单纯的CMMS开发商，如：PSDI公司（产品为MAXIMO），Indus公司（Passport），Datastream公司（MP2等）等，他们的产品围绕设备管理设计，可以单独使用。

（2）ERP软件商，ERP产品中存在设备管理模块，如SAP R/3（PM是其设备管理模块），Marcam（PRISM），SSA BPCS（Plant Maintanence模块）等，他们的产品要与ERP中其他模块结合，一般不能单独使用。

要点提示

各种软件的优劣由独立的评估组织进行评估，他们会从软件功能、实施水平、市场占有率、客户满意度等多方面给出评价。国际上较为著名的评估组织有Gartner Group、IDC、Dataquest等，国内的网站有AMT等。

3. 选择软件供应商的要点

面对众多的信息化管理软件，企业要怎样才能选择到适合本企业情况的软件呢？其实这个过程并不仅仅是选择软件的过程，更重要的是检查软件供应商及其系统综合能力的过程。一般来说，企业可以从图10-7所示的几个方面来考虑如何选择。

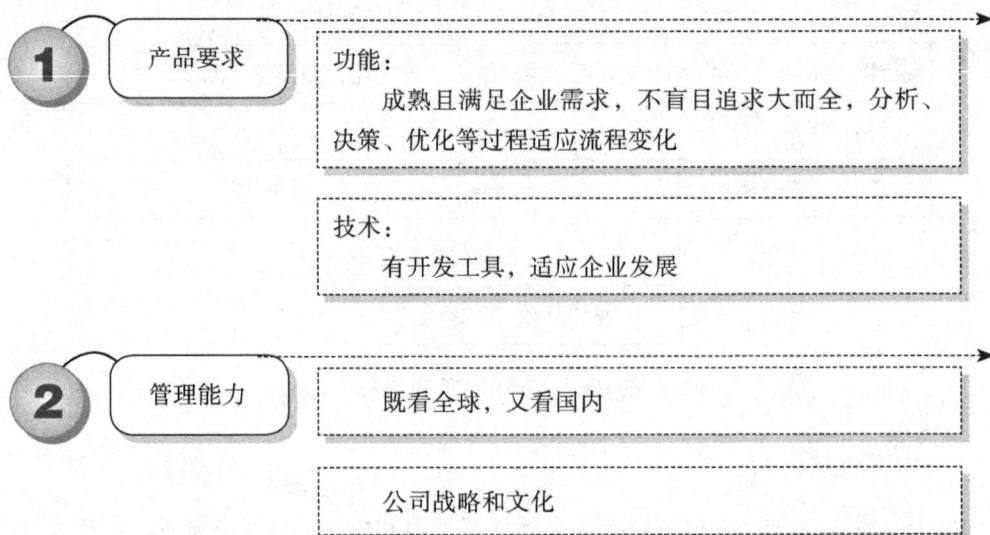

1 产品要求

功能：
成熟且满足企业需求，不盲目追求大而全，分析、决策、优化等过程适应流程变化

技术：
有开发工具，适应企业发展

2 管理能力

既看全球，又看国内

公司战略和文化

3 服务水平

实施支持水平和本地顾问素质，有无行业经验

文档齐备（帮助文本、用户手册、培训教材、学习光盘等）

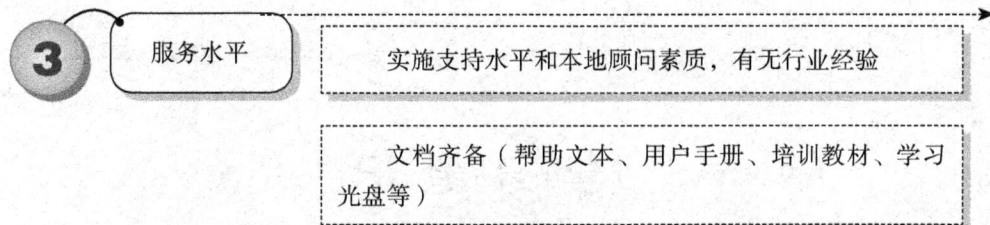

图10-7　软件供应商的选择要点

学习笔记

通过学习本章内容，想必您已经有了不少学习心得，请仔细填写下来，以便继续巩固学习。

另外，请填写运用计划，以使工作与学习相结合。

如果您在学习中遇到了一些难点，也请如实写下来，以方便今后在学习中彻底解决这些难点。

我的学习心得：

1. _____
2. _____
3. _____

我的运用计划：

1. _____
2. _____
3. _____

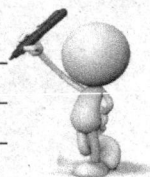

我的学习难点：

1. _____
2. _____
3. _____

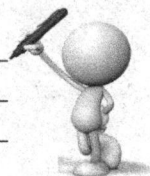

参 考 文 献

1. 庞彦才，谢汝萍. 浅谈·图解生产运作与管理. 广州：广东经济出版社，2009

2. 朱少军. TPM推进解决方案. 广州：广东经济出版社，2011

3. 谷祥盛，李胜. 浅谈·图解仓储运作与管理. 广州：广东经济出版社，2009

4. 林世平，杨楸. 浅谈·图解IE运作与管理. 广州：广东经济出版社，2009

5. 郑达才. 设备维护管理. 中国台北：中国生产力中心. 2001

6. 叶万水. 设备工程. 上海：华东理工大学出版社，2005

7. 上海市设备管理协会组. 设备工程与管理. 上海：华东化工学院出版社，1992

8. 张晓俭，张睿鹏. 现场管理实操细节. 广州：广东经济出版社，2005

9. 黄少坚. 制造TPM效率化运营战略. 北京：经济科学出版社，2008

10. 李葆文. 现场人—机系统精细管理. 广州：广东经济出版社，2008

11. 刘承元，王国兴. 工厂全面改善实战=TPM Practice in Plants. 广州：广州经济出版社，2009

12. 高福成. TPM全面生产维护推进实务. 北京：机械工业出版社，2009

13. 崔继耀. TPM活动推行实务. 广州：广东经济出版社，2004

14. 岳华新. TPM实战. 广州：广东经济出版社，2004

15. 徐保强等. 规范化的设备备件管理. 北京：机械工业出版社，2008

16. 郝惠文. 生产现场技工必读手册. 深圳：海天出版社，2007

17. 肖智军. 卓越班组TPM. 北京：北京大学出版社，2008

18. 史长银. TPM现场执行手册. 深圳：海天出版社，2006

《丰田精益管理：TPM推进体系建设（图解版）》
编读互动信息卡

亲爱的读者：

　　感谢您购买本书。只要您通过以下三种方式之一成为普华公司的**会员**，即可免费获得普华每月新书信息快递，在线订购图书或向我们邮购图书时可获得免付图书邮寄费的优惠：①详细填写本卡并以**传真（复印有效）**或邮寄返回我们；②登录普华公司官网注册成普华会员；③关注微博：@普华文化（新浪微博）。会员单笔定购金额满300元，可免费获赠普华当月新书一本。

哪些因素促使您购买本书（可多选）

○本书摆放在书店显著位置　　　　　○封面推荐　　　　　　○书名

○作者及出版社　　　　　　　　　　○封面设计及版式　　　○媒体书评

○前言　　　　　　　　　　　　　　○内容　　　　　　　　○价格

○其他（　　　　　　　　　　　　　　　　　　　　　　　　　　　　）

您最近三个月购买的其他经济管理类图书有

1.《　　　　　　　　　　》　　　　　2.《　　　　　　　　　　》

3.《　　　　　　　　　　》　　　　　4.《　　　　　　　　　　》

您还希望我们提供的服务有

1. 作者讲座或培训　　　　　　　　　2. 附赠光盘

3. 新书信息　　　　　　　　　　　　4. 其他（　　　　　　　　　）

请附阁下资料，便于我们向您提供图书信息

姓　　名　　　　　　　　　联系电话　　　　　　　职　　务

电子邮箱　　　　　　　　　工作单位

地　　址

地　　　址：北京市丰台区成寿寺路11号邮电出版大厦1108室　　北京普华文化发展有限公司（100164）

传　　　真：010-81055644

读者热线：010-81055656

编辑邮箱：liujun@puhuabook.cn

投稿邮箱：puhua111@126.com，或请登录普华官网"作者投稿专区"。

读者热线：010-81055633

购书电话：010-81055656

媒体及活动联系电话：010-81055656　　　　　　邮件地址：hanjuan@puhuabook.cn

普华官网：http://www.puhuabook.com.cn

博　　客：http://blog.sina.com.cn/u/1812635437

新浪微博：@普华文化（关注微博，免费订阅普华每月新书信息速递）